KB055207

31

Abnormal Psychology

저장장애

유성진 지음

_ 물건에 대한 강박적 집착

학지사

'이상심리학 시리즈'를 내며

21세기를 살아가는 우리는 급격한 변화와 치열한 경쟁으로 이루어진 현대사회에 적응해야 하는 커다란 심리적 부담을 안고 있다. 이러한 현실 속에서 현대인은 여러 가지 심리적 문제와 장애에 직면하게 될 가능성이 높다.

정신건강에 대한 사회적 관심이 증대되면서, 이상심리나 정신장애에 대해서 좀 더 정확하고 체계적인 지식을 접하고자 하는 사람들이 늘어나고 있다. 그러나 막상 전문서적을 접하게 되면, 난해한 용어와 복잡한 체계로 인해 쉽게 이해하기 어려운 것이 현실이다.

이번에 기획한 '이상심리학 시리즈'는 그동안 소수의 전문가에 의해 독점되다시피 한 이상심리학에 대한 지식을 일반 독자들에게 소개하기 위한 것이다. 이를 위해서 다양한 정신장애에 대한 최신의 연구 내용을 가능한 한 쉽게 풀어서 소개하려고 노력하였다.

'이상심리학 시리즈'는 서울대학교 심리학과 임상·상담 심리학 교실의 구성원이 주축이 되어 지난 2년간 기울인 노력의 결실이다. 그동안 까다로운 편집 지침에 따라 집필에 전념해준 집필자 모두에게 감사드린다. 아울러 어려운 출판 여건에도 불구하고 출간을 지원해주신 학지사 김진환 사장님과 한 권 한 권마다 좋은 책이 될 수 있도록 성심성의껏 편집을 해주신 편집부 여러분에게 고마움을 표한다.

인간의 마음은 오묘하여 때로는 "아는 게 병"이 될 수 있다. 그러나 이러한 우려보다는 "아는 게 힘"이 되어 보다 성숙하고 자유로운 삶을 이루어나갈 수 있는 독자 여러분의 지혜로움을 믿으면서, '이상심리학 시리즈'를 세상에 내놓는다.

서울대학교 심리학과 교수
원호택, 권석만

머리말

수집과 저장은 필수적인 생존전략이다. 우리는 수집행동과 저장행동 덕분에 풍요로운 삶을 살고 있다. 그러나 물질적 풍요가 심리적 행복을 보장하지는 못한다. 소유가 많다고 반드시 행복한 것은 아니며, 소유가 적다고 반드시 불행한 것도 아니다. 저장장애를 겪고 있는 사람의 삶이 그것을 입증한다.

인간의 수집행동과 저장행동은 단순한 생존의 차원을 넘어 복잡한 가치의 차원으로 도약했다. 우리는 독특한 의미와 고유한 가치를 지니고 있는 세상의 거의 모든 물건을 수집하고 저장한다. 하지만 정상적 수집과 병리적 저장의 경계를 지혜롭게 설정하지 못하면 수집품이 제공하는 유익보다 잡동사니가 초래하는 폐해가 더 커지는 저장장애를 겪게 된다.

이 책에서는 2013년부터 공식적인 진단분류 체계에 수록된 저장장애의 임상양상, 진단기준, 역학자료, 공존병리를 소개했다. 또한 저장장애의 발생 및 지속에 기여하는 요인을 부정적 경험의 회피, 긍정적 경험의 추구, 정보처리과정의 결함이라는 측면에서 입체적으로 조망했다. 저장장애를 이해하고 치료하려면 철저한 사례개념화가 필요하기 때문이다. 아울러 전형적인 치료원칙과 치료표적을 개관하면서 저장장애를 효과적으로 심리치료하는 방안을 모색했다. 부디 이 책이 일반인과 전문가 모두에게 상대적으로 낯선 저장장애에 다가서는 적절한 통로가 되기를 소망한다.

저장장애는 "정도를 지나침은 미치지 못함과 같다."는 과유불급의 지혜를 갖추라고 내려치는 죽비이자, 고통에서 벗어나려고 발버둥 칠수록 오히려 더 고통스러워지는 역설을 깨달으라고 촉구하는 외침이다. 이런 맥락에서, 머리말에서 '미흡한' 내용이라고 겸양해야 마땅하지만 '적절한' 통로라고 표기하는 불편한 노력을 기울였다. 부끄러워하는 저자의 마음을 널리 헤아려주시기 바란다.

2017년
유성진

차 례

2 저장장애는 왜 생기는가 — 81

저장장애란
무엇인가

1

1. 수집과 저장

수집과 저장의 아이콘은 다람쥐다. 다람쥐는 반수면상태로 겨울잠을 자는데, 가을에 부지런히 도토리를 수집해서 보금자리 근처 땅속에 저장해두었다가 겨울에 기온이 높은 날 깨어나서 먹이를 섭취하고 다시 동면하기를 반복한다. 몸집이 작아서 체내에 한꺼번에 많은 열량을 비축할 수 없는 다람쥐의 처지에 수집과 저장은 필수적인 생존전략이다. 아울러 다람쥐가 숨겨두었다가 미처 찾아내지 못한 도토리가 봄에 싹을 틔워 참나무로 자라나서 생태계의 순환이 이뤄지므로 수집과 저장은 효율적인 생산전략이기도 하다.

인간도 수집과 저장을 바탕으로 생존하고 번성해왔다. 선사시대에는 수렵과 채집을 통해 일용할 양식을 노획하고 소진했고, 역사시대에는 목축과 농경을 통해 상당한 식량을 수확하고 보관했다. 진화의 원리를 고려할 때, 우리의 조상은 아마도 효과적으로 수집하고 의도적으로 저장했던 사람들이었을 것이다. 지금 우리는 수집행동과 저장행동 덕분에 삼시세끼를 염려하지 않게 된 것은 물론이고, 수효와 종류를 헤아릴 수 없을 정도로 풍부한 물건과 다양한 가치를 생산하고, 소비하고, 활용하고, 비축하는 삶을 살고 있다. 이런 맥락에서, 수집행동과 저장행동은 기본적으로 진화적인 적응가치를 지닌 생존전략이라고 이해할 수 있다.

그러나 인간의 수집행동과 저장행동이 바람직한 결과만 낳은 것은 아니다. 거시적 관점에서, 수집행동과 저장행동이 상당한 기간 누적되면서 경제적 및 사회적 계급의 분화가 촉발되어 부유한 사람과 가난한 사람이 구분되었다. 잉여생산물의 소유와 분배를 둘러싼 다툼이 발생하여 부자와 빈자 사이의 긴장, 자본과 노동 사이의 갈등, 국가와 민족 사이의 분쟁이 야기되었다. 미시적 관점에서, 수집행동과 저장행동의 역설적 결과로 풍요 속의 빈곤이 초래되었다. 개인이 체감하는 주관적 결핍감과 상대적 박탈감이 증폭된 것이다. 우리는 옛날보다 분명히 더 많은 물건을 소유하고 있으면서도 오히려 더 많은 자원이 필요하다고 생각하며 여전히 부족하다고 느낀다. 대부분의 사람이 과거와 현재를 비교하면서 만족감을 경험하는 것이 아니라, 자신과 타인을 비교하면서 불만감을 경험한다. 물질적 풍요에 역행하는 심리적 빈곤은 이른바 상업주의 혹은 물질주의의 어두운 그늘이다.

1) 소유와 행복

상업주의적 관점을 지니고 있는 사람은 소유를 통한 행복을 기대한다. 더 많은 물건을 소유하면 더 편리할 것이고, 더 많은 재산을 소유하면 더 행복할 것이라고 예상한다. 물질주의적 견해를 지니고 있는 사람은 소유가 자기존중감을 고양시키고, 자기정체감을 확장시키고, 사회적 지위를 향상시키며, 단조로운 일상에 활기를 불어넣는 순기능을 발휘한다고 주장한다. 이들에게 있어서 소유는 자신이 성공한 사람이고 유복한 사람임을 공개적으로 입증하는 개인적 상징 혹은 사회적 가면이다.

이것은 타당한 주장이다. 그러나 현실은 대단히 역설적이다. 소유가 있으면 행복할 것이라는 전제를 뒤집으면, 소유가 없으면 불행할 것이라는 결론이 도출된다. 여기에 소유가 많은 자는 부지런하고 소유가 적은 자는 게으르다는 논리가 따라붙고, 부유한 자는 신의 축복을 받았고 가난한 자는 신의 처벌을 받았다는 설교가 중첩되면 결론은 참담해진다. 과연 물질적 소유가 심리적 행복을 담보하는가?

(1) 소유냐 존재냐

에리히 프롬(Fromm, 1976)은 소유에 집착하는 사람일수록 자신의 삶을 더 불만족스러워하며 자신이 더 불행하다고 느낀다고 서술했다. 인간과의 관계가 물건과의 관계로 대체되고, 자신이 물건을 소유하는 상태가 아니라 물건이 자신을 소유하는 상태로 변질되기 때문이다. 소유의 주체와 객체가 역전되는 현상이 벌어지는 것이다.

소유having를 지향하는 사람은 물건을 획득하고 조작하려고 할 뿐만 아니라 타인도 통제하고 조종하려고 한다. 그것이 초래하는 결과는 허영심과 공허감이다. 이에 비해, 존재being를 지향하는 사람은 물질적 소유보다 심리적 체험을 귀중하게 여긴다. 그들은 자신이 보유하고 있는 자원을 타인과 기꺼이 공유하며, 다양한 사람들과 관계를 맺으면서 인생의 진정한 의미를 발견하고 추구한다.

그러나 프롬은 물질주의가 불만족과 불행감을 유발하는 것인지 아니면 불만족과 불행감이 물질주의를 초래하는 것인지는 불확실하다고 언급하고 있다. 그에 따르면, 존재가 아닌 소유에 집착하는 모습은 닭이 먼저인지 알이 먼저인지 분간하기 힘든 것처럼 미묘한 사회병리적 현상이다.

(2) 체험주의

상업주의와 물질주의의 폐해에 대한 각성과 함께 등장한 새로운 흐름이 체험주의experientialism다. 체험주의적 관점을 지니고 있는 사람은 크게 3가지 이유를 들어 물건의 구매보다 체험의 구매를 선호한다(van Boven, 2005).

첫째, 물건의 소비는 체험의 소비만큼 긍정적인 감정을 유발하지 못하며, 물건을 구매할 때보다 체험을 구매할 때 긍정적인 기억을 더 오랫동안 향유할 수 있다. 예컨대, 가구를 구입한 기억을 떠올릴 때보다 가족과 여행한 기억을 떠올릴 때 긍정적인 감정이 더 많이 유발되며 긍정적인 기억이 더 오래 회상된다. 둘째, 물건의 구매와 연합된 감정은 시간이 흐르면서 점차 약해지지만 체험의 구매와 연합된 감정은 시간이 지나도 별로 약해지지 않는다. 예컨대, 새로운 노트북을 구입하면 처음에는 참 좋다. 그런데 친구가 비슷한 노트북을 구입하면 애초에 경험했던 긍정적인 감정이 사회적 비교를 통해서 현저하게 감소한다. 그러나 체험적 구매의 가치는 이런 식으로 격감되지 않는다. 셋째, 물질적 구매는 일시적으로 긍정적인 감정을 유발하는 개인적 사건이지만 체험적 구매는 지속적으로 긍정적인 감정을 유발하는 사회적 사건이다. 구매행동과 관련된 타인의 평가를 조사한 결과, 거의 모든 사람이 물질적 구매자보다 체험적 구매자를 더 우호적으로 평가했으며, 물질적 구매자보다 체험적 구매자와 더 친구가 되고 싶다고 응답했다.

2) 어플루엔자

2000년대 초반에 '어플루엔자affluenza'라는 신조어가 등장했다. 이것은 풍요를 뜻하는 어플루언트affluent와 독감을 뜻하는 인플루엔자influenza의 합성어로서, 물건의 소비가 최초에 기대했던 만족감과 행복감을 선사하는 것이 아니라 오히려 낭비, 부채, 자책, 무기력 등의 증상을 초래하는 병리적 현상을 의미한다. 어플루엔자에 걸린 사람은 더 좋은 물건과 더 많은 물건을 구입하려고 조바심을 내고, 장시간 무리하게 노동하면서 스트레스를 자초하며, 타인이 보유하고 있는 물건을 자신이 당장 소유하지 못하면 박탈감, 결핍감, 우울감, 분노감 등에 사로잡힌다.

부산일보(2004년 7월 2일자)의 보도에 따르면, 환경단체 녹색연합이 우리나라 대학생 447명을 대상으로 소비의식을 조사했더니, 2명 중에서 1명55%이 소비중독으로 나타났다. 예컨대, 물건을 구매하고 싶다고 자주 말하는가, 물건을 과시용으로 구입했는가, 쇼핑으로 스트레스를 푸는가, 인터넷 쇼핑몰을 하루 3회 이상 방문하는가 등 14개의 질문에 6개 이상 그렇다고 응답한 대학생이 절반 이상이었다.

이미 언급한 것처럼, 수집행동과 저장행동은 기본적으로 적응적이며 그것 자체가 병리적이지는 않다. 사실, 정도의 차이가 있을 뿐이지 아이부터 어른까지 거의 모든 사람이 수집행동과 저장행동을 한다. 서랍에는 오랫동안 사용하지 않아서 잉크가 굳은 볼펜이 가득하고, 옷장에는 계절이 바뀌도록 착용하지 않아서 좀이 슨 셔츠가 즐비하다. 제때 섭취하지 못한 식품이 냉장고에 꽉 차있음에도 불구하고 대형마트에 갈 때마다 욕심껏 식품을 구입하고, 한 번밖에 조립하지 않은 레고블럭이 몇 박스나 있는데도 신상품이 나올 때마다 새로운 레고블럭을 구매한다.

무소유의 삶을 실천하려고 애쓰는 위대한 수행자마저도 자신의 과도한 탐욕을 꾸짖을 정도니, 평범한 사람이야 두 말할 나위가 없을 것이다.

3) 저장장애

그러나 수집행동과 저장행동을 스스로 조절하지 못해서 각종의 문제가 불거지고 있다면 이야기가 달라진다. 적절한 범위를 넘어서는 수집행동과 저장행동이 개인에게 현저한 주관적 고통을 유발하고 있는 경우 혹은 심각한 일상적 · 사회적 ·

학업적 · 직업적 부적응을 초래하고 있는 경우라면 정신병리로 간주되어야 한다. 수집행동과 저장행동의 빈도와 정도가 스펙트럼spectrum의 극단에 속한다면 그것은 정상적 행동이 아니라 병리적 행동이다.

이와 같이 자신이 물건을 소유하고 통제하는 상태가 아니라 물건이 자신을 소유하고 통제하는 상태, 물건을 수집하고 저장하는 데 강박적으로 집착하지만 정작 물건을 제대로 활용하지도 못하고 적절히 처분하지도 못하는 상태, 물건이 엉망진창으로 방치되고 잡동사니처럼 쌓여서 일상생활이 망가지는 지경에 이른 상태를 저장장애hoarding disorder라고 부른다.

현재 미국에만 약 1천 5백만 명, 유럽연합에 약 2천 5백만 명, 세계적으로 약 3억 4천만 명 정도가 저장장애를 겪고 있는 것으로 추정된다(Frost, Steketee, & Tolin, 2012; Tolin, Frost, & Steketee, 2007). ❖

2. 정상적 수집과 병리적 저장

우리는 물건을 소중하게 다루라고 배웠고 자원을 아끼라는 가르침을 받았다. 절제가 미덕이고 소비가 악덕이던 경제적으로 궁핍했던 시기를 보내면서 절약의 필요성을 체감했고 저축의 유용성을 절감했다. 1970년대에 경상북도 안동군이 선정한 근검절약 표어를 살펴보면, '너와 나의 복된 미래 저축으로 설계하자' '하루 위해 낭비 말고 백년 위해 저축하자' '미소 짓는 통장 속에 우리 가족 웃음 가득' 등이 눈에 띈다.

절약하고 저축하는 까닭을 물어보면, 대부분의 사람이 "언젠가 필요할 때 요긴하게 사용하기 위해서요."라고 대답할 것이다. 맞는 말이다. 그런데 흥미롭게도, 저장장애를 지니고 있는 사람의 답변도 이와 동일하다. "만약의 사태에 대비해야죠. 혹시 나중에 필요할지 모르잖아요." "내가 가진 것을 모두 써버리고 내버리면 뭐가 남아요?" "물건을 모두 내버리면 나는 뭐예요? 지금 내 꿈을 포기하라는 겁니까?" 등이 그들의 흔한 반응이자 반문이다.

이런 맥락에서, 수집행동과 저장행동은 결핍에 대비하는 학습된 반응이라고 이해할 수 있다. 실제로 경제공황이나 홀로코스트 같은 극심한 결핍상태를 경험했던 사람은 미래에 비슷한 사태가 다시 벌어질 것을 예상하여 무엇이든지 모아두고 쌓아두는 경향을 보였다(Cromer, Schmidt, & Murphy, 2007). 인간이 물건을 수집하고 저장하는 보편적인 이유는 생존의 가능성을 높이기 위해서 그리고 혹시라도 벌어질지 모르는 미래의 불확실한 사태에 대비하기 위해서인 것이다.

1) 생존의 차원과 가치의 차원

그런데, 현재 시점에서 인간의 수집행동과 저장행동은 단순한 생존의 차원을 넘어 복잡한 가치의 차원으로 도약했다. 다람쥐는 생존과 직결된 먹이를 수집하고 저장하지만, 인간은 생존과 무관한 물건까지 수집하고 저장한다.

(1) 수집하는 물건

자신을 포함해서 주변을 잠깐만 둘러봐도 각종 수집가 혹은 수집광을 심심찮게 발견할 수 있다. 우리가 흔히 수집하고 저장하는 물건의 종류는 다음과 같다.

- 음식, 식품, 와인, 양주
- 신문, 잡지, 도서, 만화, 음반, CD, DVD
- 사진, 동영상, 파일, 논문, 자료, 데이터
- 편지, 엽서, 카드, 이메일, 청첩장, 문자메시지
- 우표, 화폐, 동전, 쿠폰, 티켓, 도장, 수석, 스탬프
- 의복, 구두, 운동화, 모자, 지갑, 넥타이, 스카프
- 가구, 의자, 탁자, 수건, 자석, 빈티지소품
- 그릇, 수저, 컵, 콜라병, 맥주병, 텀블러, 병따개
- 세차용품, 청소도구, 성인용품
- 기념품, 골동품, 미술품, 장식품
- 샤프, 볼펜, 형광펜, 만년필, 노트, 메모지
- 보석, 시계, 안경, 반지, 향수, 목걸이, 귀걸이, 액세서리
- 공구, 기계, 장비, 연장, 악기
- 안내문, 전단지, 홍보물, 영수증
- 종이가방, 비닐봉투, 종이상자, 포장지, 껌종이
- 부적, 낙서, 명함, 연예인 싸인
- 포스터, 리플렛, 스티커, 전화카드, 스타벅스카드
- 인형, 레고, 장난감, 모형기차, 피규어, 유희왕카드
- 강아지나 고양이를 비롯한 애완동물

- 자동차, 자전거, 카메라, 노트북, 이어폰, 골프채
- 유머, 농담, 기억, 정보, 인맥
- 돈, 집, 땅, 글, 책, 명품
- 결코 흔하지 않지만, 시체

(2) 수집하는 가치

전혀 완벽하지 못하고 절대 완성될 수도 없는 수집품 목록에서 알 수 있듯이, 인간은 세상의 거의 모든 물건을 수집하고 저장한다고 해도 과언이 아니다. 하지만 인간이 생존을 위해서 수집하고 저장하는 것은 음식과 식품뿐이다. 나머지 물건은 생존과 직접적인 관련이 없는 편의와 사용의 가치, 재산과 금전의 가치, 역사와 기록의 가치, 의미와 추억의 가치, 감상과 향유의 가치, 정보와 기회의 가치, 예술과 장식의 가치, 취미와 유행의 가치, 창조와 표현의 가치, 교감과 소통의 가치, 지위와 소속의 가치 등을 지니고 있기 때문에 수집하고 저장한다.

인간을 행동하게 만드는 힘은 공포를 회피하려는 동기, 이익을 추구하려는 동기, 기대에 부응하려는 동기, 의미를 부여하려는 동기 등으로 상당히 복잡하다. 그러므로 인간의 수집행동과 저장행동을 단순한 생존전략으로 인식하는 것은 편협한 시각이다(Frost, Hartl, Christian, & Williams, 1995).

몇 가지 경우를 살펴보자. 인사동은 대한민국을 대표하는 장소다. 외국인에게 우리나라의 문화와 역사를 알려주고 싶을 때 아마도 많은 사람이 인사동 관광을 추천할 것이다. 그 까닭은 골동품, 미술품, 기념품을 전시하고 판매하는 상점이 즐비하므로 그곳에서 역사와 기록의 가치를 지닌 물건을 구경할 수 있기 때문이다. 박균호(2015)에 따르면, "수집은 역사의 훼손에 맞서온 유일한 무기다." 우리가 어린 자녀의 귀여운 모습과 나이든 부모님의 가장 젊은 순간을 사진으로 남겨서 보관하고 가족의 단란한 나들이와 신혼부부의 요란한 집들이를 동영상으로 기록하는 것도 망각에 저항하여 개인적 역사를 기억하고 추억하기 위한 수집행동이자 저장행동이다.

과거의 감상과 향수를 불러일으키는 가게가 성업 중인 까닭도 이와 유사하다. 할아버지와 할머니의 어린 시절, 아버지와 어머니의 젊은 시절을 엿볼 수 있는 허름한 물건이 가득한 상점에는 옛날 신문, 낡은 잡지, 멈춘 시계, 흑백 사진, 바랜 교복, 잿빛 연탄, 녹슨 연장, 징집영장, 불량식품, 고장난 라디오, 간첩신고 포스터 등이 전시되어 있고, 철지난 새마을노래나 국민체조 배경음악이 흘러나온다. 어떤 곳은 거의 박물관 수준을 능가하는 소장품을 보유하고 있어서 구경하는 사람의 감탄과 흥분을 자아내기도 한다. 이런 물건들은 비록 편의와 사용의 가치는 없더라도 의미와 추억의 가치가 있기 때문에 수집되고 저장되었을 것이다. 그런데 낡은 물건에서 감상과 향유의 가치를 이끌어내는 심미안을 지닌 사람도 있지만, 같은 물건에 정보와 기회의 가치를 부여하는 시대변화 연구자도 있다. 누군가는 이런 물건에서 재산과 금전의 가치를 발견하여 획득하려고 할 것이고, 누군가는 예술과 장식의 가치를 포착하여 소장하려고 할 것이다. 물론 아무런 값어치도 없는 쓰레기에 불과하다고 생각하며 대수롭지 않게 여기는 사람도 있을 것이다.

비단 오래된 물건만 수집하고 저장하는 것은 아니다. 첨단의 상징인 아이폰과 아이패드, 시장을 선도하는 스타벅스의 카드와 텀블러, 청소년이 선망하는 브랜드의 운동화와 패딩자켓은 취미와 유행의 가치 혹은 지위와 소속의 가치를 반영하기 때문에 평범한 상품을 넘어 반드시 소장할 가치가 있는 문화가 되었다. 만물을 미술의 재료로 인식하는 예술가는 버려진 고철과 고물을 재활용하는 정크아트를 통해서 독창적인 창조와 표현의 가치를 추구하는 동시에 대중과 적극적으로 교감하고 소통하는 가치를 구현한다.

2) 주관적 가치

이러한 현상을 고려할 때, 수집행동과 저장행동의 양상과 목적을 온전하게 설명하고 저장장애를 효과적으로 치료하기 위해서는 개인이 물건에 부여하고 있는 독특한 의미와 주관적 가치를 파악해야 할 것이다(Frost & Steketee, 2010).

선풍적인 인기를 끌었던 드라마 〈응답하라 1988〉의 한 장면을 떠올려보자. 고등학생인 남자주인공이 목걸이를 매고 있다는 이유로 선배들에게 괴롭힘을 당하는 대목에서, 다른 사람에게는 그저 볼품없는 장식품에 불과하거나 혹은 불량스러운 장신구에 지나지 않는 목걸이가 주인공에게는 몹시 소중하기에 반드시 지켜야 하는 물건이었다. 돌아가신 아버지의 유품이었기 때문이다.

엄마의 입장에서는 당장 내버려도 시원치 않을 낡아빠진 담요와 인형이 아이의 입장에서는 누구도 대신하지 못하는 편안함과 안정감을 제공하는 절친한 친구일 수 있고, 남편의 시각에서는 10년이나 사용해서 지겹게만 여겨지는 코렐 그릇이 아내의 시각에서는 10년의 결혼생활을 버티게 도와준 친정엄마의 지극한 사랑과 정성일 수 있다.

3) 소유의 의미

누구나 각별하게 소중히 여기고 끔찍하게 아끼는 물건을 하나쯤 가지고 있다. 인간은 왜 물건을 소유하려고 애쓰는 것일까?

(1) 소유의 3요소

퍼비(Furby, 1978)는 소유의 의미를 탐색하는 과정에서 3가지 핵심요소를 발견했다. 첫째, 소유는 무언가를 성취할 수 있는 기회를 제공한다. 물건을 소유한 사람은 그것을 활용하면서 통제감과 효능감을 느끼고, 자원을 소유하지 못한 사람에 비해 능력을 습득하고 발휘하게 될 가능성이 높다. 둘째, 소유는 일종의 둥지와 같은 안전감과 편안함을 제공한다. 물건을 소유한 사람은 그것에 정서적으로 애착하며, 소유물에 둘러싸여 있을 때 흥겨움과 만족감을 경험한다. 셋째, 소유는 자기존재감 혹은 자기정체감의 한 측면이다. 소유를 통해서 자신의 존재를 인식하며, 소유의 확대를 통해서 자기정체감이 확장된다. 더 나아가서, 소유와 연합된 개인의 역사를 보존함으로써 자기존재감과 자기정체감을 유지하고 보호할 수 있다.

예컨대, 피아노를 소유한 사람은 그렇지 못한 사람에 비해 피아노를 연주하는 능력을 습득할 기회가 많아지고, 피아노를 연주하면서 흥겨움과 만족감을 경험할 가능성이 높아지며, 결정적으로 피아니스트라는 자기정체감을 형성할 잠재력이 증가하는 것이다.

(2) 소유권의 인식

물건을 소유하는 행동은 약 3세경부터 출현하며 대부분의 아동이 물건을 수집한다(Grisham, Frost, Steketee, & Hood, 2006). 아이들은 장난감과 피규어를 수집해서 일렬로 줄을 세워 가지고 놀며, 포켓몬 카드와 유희왕 카드를 갖기 위해 부모를 보채고 그것을 획득하면 보물인양 아낀다. 이 시기의 아동은 '내 것'과 '네 것'이라는 소유격 표현을 이해하기 시작하고, 자신의 물건을 타인이 건드리면 소유권을 회복하기 위해서 언어적 및 신체적 공격을 감행한다.

주목할 만한 현상은 '네 것'이라는 단어보다 '내 것'이라는 단어를 먼저 사용한다는 점이다. 이것은 소유에 대한 인식이 가능하려면 자기에 대한 인식이 선행되어야 한다는 점을 시사하는 지표다. 퍼비가 분석한 소유의 3요소와 연결하면, 아동에게 있어서 소유는 잠재적 기회이고 정서적 애착이며 자기의 자연스러운 일부다. 이후로 아동은 자신의 소유를 타인에게 공개하고 공유하는 단계까지 서서히 발달한다.

4) 정상적 수집

세상의 거의 모든 물건이 정상적 수집normal collecting의 대상이 된다. 단, 시간과 정성을 들여서 수집한 물건들이 어떤 응

집력 있는 주제로 수렴되는 경우만 정상적 수집으로 간수할
수 있다.

(1) 기 준

다음의 3가지 기준을 모두 충족시켜야 정상적 수집이다
(Frost & Steketee, 2010). 첫째, 수집한 물건이 한 개 이상 존재한
다. 둘째, 수집한 물건 사이에 어떤 연관성이 있다. 셋째, 물건
을 수집하기 위해서 적극성을 발휘한다. 예컨대, 앨범에 주제
별로 가지런하게 정돈되어 있는 우표들은 정상적 수집품이지
만, 서랍에 아무렇게나 굴러다니고 있는 연필들은 수집품이
아니다. 장식장에 병입년도 순서로 정리된 양주병들은 정상적
수집품이지만, 베란다에 나뒹굴고 있는 소주병들은 수집품이
아니다.

(2) 특 징

정상적 수집은 일종의 교제다. 정상적 수집가는 마치 이성
을 사귀듯이 탐색행동과 수집행동에 상당한 시간과 정성을 할
애한다. 소장하고 싶은 물건의 목록을 작성하고, 새로운 물건
을 사냥할 계획을 수립하며, 귀중한 물건을 획득하는 순간의
짜릿한 흥분을 열망한다. 이 과정에서 자신이 간절히 바라는
물건에 대한 환상에 빠져드는데, 환상은 물건의 주관적 가치

를 증폭시키는 효과를 발휘하여 결과적으로 물건에 나름의 마술적 속성을 부여하게 만든다.

정상적 수집의 가장 흥미진진한 요소는 아마도 사냥일 것이다. 사냥에 나서면 몰입상태에 빠져서 오직 자신이 쫓고 있는 대상에 주목하고 심혈을 기울인다. 사냥에 성공하면 황홀감과 신비감에 도취되고, 물건의 전형적인 쓸모와는 전혀 다르게 그것을 활용한다. 정상적 수집가에게는 일반적인 용도와는 사뭇 다른 의미와 가치를 지닌 물건으로 변질되어 있기 때문이다. 이를테면, 만화책 수집가는 희귀본을 손에 넣으면 포장지의 비닐도 뜯지 않은 채 보물처럼 간직하고 음미한다. 만화책의 원래 용도는 읽고 보고 즐기는 것임에도 불구하고 말이다.

사냥을 마치면 물건을 손에 넣기까지 겪은 우여곡절을 근사한 무용담으로 만들어낸다. 또한 물건에 번호표나 인식표를 붙여서 분류하고 기존의 수집품 컬렉션에 추가한다. 그리고 다른 사람들에게 뽐내듯이 보여주려고 진열하고 정리하는 작업으로 마무리한다. 이런 과정을 거치면서, 정상적 수집품은 일정한 방식과 규칙에 따라서 응집력 있는 주제로 조직화되고 유목화된다(Tolin, Frost, & Steketee, 2014).

(3) 동기

정상적 수집의 동기는 다양하다. 어떤 사람은 물건 자체에 대한 심미적 열망과 금전적 보상 때문에 수집하고, 다른 사람은 동료 사냥꾼이 보낼 사회적 찬사와 전문적 영예를 꿈꾸면서 수집하며, 누군가는 관련된 주제를 섭렵했다는 주관적 성취감과 개인적 만족감을 느끼기 위해서 수집한다. 예컨대, 세금영수증을 버리지 않고 모아두는 이유도 사람마다 다르다. 일반적으로는 세금을 납부했다는 사실을 입증하려고 모으지만, 어떤 사람은 미래에 벌어질 분쟁에 대비하려고 모을 수도 있고, 다른 사람은 자신이 거액의 세금을 납부한 명예로운 인간임을 증명하려고 모으기도 한다.

정상적 수집의 공통점은 물건을 수집하고 보관하는 행동이 단순한 일시적 혹은 충동적 행동이 아니라 지극히 정교한 일련의 과정이라는 것, 그리고 자기존재감과 자기정체감을 정의하고 보호하고 증진하는 심리적 행위라는 점이다. 정상적 수집가에게는 자신이 정성껏 수집한 컬렉션과 교감하고 소통하는 의식이 무엇보다 중요하고, 그것을 타인에게 기꺼이 보여주고 자랑하는 행위 역시 몹시 신나는 일이다. 이것은 일종의 긍정적 중독positive addiction 상태로 간주할 수 있다.

5) 병리적 저장

정상적 수집과 병리적 저장pathological hoarding의 근본적인 차이점은 수집품이 체계적으로 조직화 혹은 유목화되어 있는지 여부다. 정상적 컬렉션은 일정한 규칙과 나름의 질서에 따라 정돈되어 있고, 언제든지 순조롭게 접근해서 감상하거나 향유할 수 있다. 예컨대, 신문과 잡지에서 오려낸 종이조각들이 주제별로 스크랩되어 있고 목록별로 분류되어 있다면 정상적 수집이다. 그러나 신문과 잡지 더미가 집 안 곳곳에 아무렇게나 쌓여있고, 신문과 잡지를 읽고 싶은데 골라내서 읽을 수 없으며, 그 밖에 필요한 물건을 원활하게 찾아낼 수 없다면 병리적 저장이다(Neziroglu, Bubrick, & Yaryura-Tobias, 2004; Steketee & Frost, 2007).

(1) 태 도

정상적 수집행동을 하는 사람은 자신의 수집품을 자랑스러워하고 그것을 타인에게 보여주는 행위를 즐긴다. 또한 비슷한 관심사를 지닌 사람들과 만나서 정보를 교류하며, 자신의 컬렉션에 대해서 상세하게 이야기하는 것을 선호한다. 그러나 병리적 저장행동을 하는 사람은 자신의 잡동사니에 대해서 수치심과 당혹감을 느끼면서 감추려고 하며, 그것이 타인에게 발각되거나 목격되는 상황을 끔찍이 싫어한다. 또한 온갖 물건이 정돈되지 못한 채 엉망진창으로 나뒹굴고 있기 때문에 생활공간이 매우 협소해지며, 타인이 자신의 생활공간에 방문하는 것을 몹시 꺼린다. 정상적 수집가와 달리, 저장장애를 지니고 있는 사람은 자신의 소유물에 대해서 타인이 논평하거나 간섭하는 것을 혐오하며, 종종 상당한 빚을 지는 등의 경제적 위기에 처하기도 한다.

(2) 계 획

정상적 수집행동을 하는 사람은 컬렉션을 확장하는 데 필요한 예산과 시간을 계획적으로 운영하며, 수집품에 둘러싸여 있을 때 적잖은 만족감을 느낀다. 그러나 병리적 저장행동을 하는 사람은 충동적으로 새로운 물건을 들여놓거나 버려진 물건을 주워오면서 종종 후회와 자책에 빠진다. 아울러 강박적인 수집행동과 저장행동을 중단할 뾰족한 방안이 없기 때문에 무력감을 느낀다.

6) 정상적 수집과 병리적 저장의 감별

정상적 수집과 병리적 저장을 임상적으로 감별하려면 주관적 고통의 존재 여부 및 적응적 기능의 손상 여부를 면밀하게

◆ **정상적 수집 vs. 병리적 저장**

정상적 수집	병리적 저장
• 수집품을 자랑스럽게 여김	• 수집품을 수치스럽게 여김
• 조직화, 유목화되어 있음	• 조직화, 유목화되어 있지 않음
• 남에게 보여주려고 함	• 남에게 감추려고 함
• 물건에 관한 대화를 즐김	• 물건에 관한 대화를 꺼림
• 시간과 예산을 계획함	• 경제적 여유가 없음
• 새 물건을 수집하며 만족함	• 새 물건을 수집하며 당황함

파악해야 한다(American Psychiatric Association, 2013; Frost & Hartl, 1996).

(1) 병식

저장장애를 겪고 있는 사람 중에서 자신의 수집행동과 저장행동을 병리적 증상이라고 인정하는 사람은 많지 않다. 대부분은 병리적 수집행동과 저장행동이 초래하는 문제를 완강히 부정하거나 상당히 축소하는 양상을 보이며, 일부분은 자신에게 어느 정도 문제가 있다고 인정하기는 하지만 적극적으로 심리치료를 받는 것은 주저한다. 극도의 수치심, 죄책감, 굴욕감 등을 경험하기 때문이다. 따라서 주관적 고통의 존재 여부만으로는 정상적 수집과 병리적 저장을 감별하기 어려운 경우가 상당히 많다.

(2) 영 향

보유하고 있는 물건의 개수만으로는 정상적 수집과 병리적 저장을 구분하기 어렵다. 수집한 물건이 많더라도 정상적 수집일 수 있고, 수집한 물건이 적더라도 병리적 저장일 수 있다. 감별포인트는 '소유물이 소유자에게 어떤 영향을 미치고 있는가?' 그리고 '적절한 통제의 범위를 벗어난 상태인가, 그렇지 않은가?'이다. 즉, 수집행동과 저장행동이 자신과 타인의 삶에 미치는 영향을 고려하는 임상적 작업이 필요하다.

만약 물건을 수집하고 저장하는 과정에서 경제적 및 사회적 부담이 가중되어서 주관적 고통을 겪고 있고, 주거공간과 생활공간이 심각하게 침해되어서 가족이나 동료와 멀어진 상태 혹은 일상적 생활조차 영위하기 힘들어진 상태라면, 앞의 기준에 따라 병리적 저장에 해당한다(Tolin, Frost, Steketee, Gray, & Fitch, 2008).

예컨대, 아무렇게나 방치된 물건 때문에 욕실이나 부엌을 사용하지 못하는 경우, 천장까지 쌓여있는 물건 때문에 창문이나 출입문을 열지 못하는 경우, 강아지와 고양이의 분변이 여러 군데 방치되어 있는 경우, 이미 구입한 물건을 도저히 찾을 수 없어서 똑같은 물건을 다시 구입해야 하는 경우라면 상당히 심각한 병리적 저장이다. 기본적인 생활이 어려울 정도로 불편할 뿐만 아니라, 가연성 소재로 인한 화재사고나 물건

의 추락에 따른 부상과 같은 안전사고의 발생이 우려되고, 부
패된 음식이나 뒤덮인 먼지로 인해서 각종 건강문제가 초래될
염려가 상당하기 때문이다(Frost, Steketee, & Williams, 2000;
Tolin, Frost, Steketee, & Fitch, 2008).

(3) 저 항

그럼에도 불구하고, 병리적 수집행동과 저장행동을 반복하
는 사람은 "어려웠던 시절을 생각하면 물건을 버리는 게 꼭 죄
를 짓는 것 같아요." "이건 내버릴 물건이 아니에요. 언젠가 반
드시 사용할 거예요." "모자란 것보다는 넘치는 것이 낫잖아
요." "오늘은 너무 힘들어서, 내가 사랑하는 보물들에 둘러싸
여서 편안하게 쉬고 싶어요."라고 말하면서 잡동사니를 처분
하지 못한다.

저장장애를 겪고 있는 사람은 타인이 자신의 허락 없이 물
건을 버리는 것을 용납하지 않으며, 타인이 자신의 물건에 동
의 없이 손을 대는 것은 곧 자기를 건드리는 것이라고 여기면
서 극렬하게 저항한다. 소유의 의미를 고려할 때, 다른 사람이
자신의 물건에 손을 대는 것은 잠재적 기회를 박탈하는 행동
이고, 정서적 애착을 방해하는 행동이며, 자기정체감을 훼손
하는 행동이기 때문이다.

(4) 생 활

일반적인 사람은 필요한 물건과 원하는 물건을 적절한 시기에 적당한 분량만큼 구입해서 활용하고, 내버리고, 처분하고, 판매하고, 기증하고, 재활용하면서 살아간다. 아울러, 생활공간이 허용하는 범위에서 물건의 총량을 조정하는 작업을 정기적 혹은 주기적으로 진행한다. 예컨대, 휴지통이 가득 차면 쓰레기를 버리고, 음식물이 부패해서 악취가 발생하기 전에 치우고, 주말 오전에는 집 안을 청소하고, 여행을 다녀온 뒤에는 자동차 트렁크를 정리하고, 계절이 바뀔 때마다 대청소를 실시하며, 손님이 오시기 전에는 가지런히 집 안을 정돈한다.

그러나 저장장애를 지니고 있는 사람은 물건에 집착해서 계속 들여놓고 쌓아놓을 뿐 내어놓지는 못한다. 흔히 회자되는 것처럼 쓰레기장 같은 집에서 살고 있는 '죽어도 못 버리는 사람'인 것이다. 저장장애로 인해서 초래되는 주관적 고통과 적응기능의 손상 이외에 사회적 비용 및 경제적 손실도 결코 만만치 않다. ◆

3. 저장장애 사례

1) 사례 1: 갓난아이를 밟을 뻔한 아찔했던 순간

경기도 ○○시 주민센터에 이웃한 '쓰레기집'에서 풍기는 악취 때문에 도저히 견딜 수가 없다는 민원이 여러 차례 접수되었다. 정신건강증진센터 소속 임상심리전문가와 사회복지사가 주민센터 공무원과 함께 출동했을 때, 골목어귀에서부터 온갖 잡동사니가 무질서하게 방치되어 있는 단층주택을 어렵지 않게 발견할 수 있었다.

초인종을 눌렀지만 응답이 없어서 조심스럽게 현관문을 열고 집 안으로 들어섰다. 거실까지 이어지는 긴 복도가 있었는데, 이 집에는 바닥이 없었다. 아니, 바닥이 전혀 보이지 않았다고 표현해야 정확하다. 복도에는 여러 채의 이불, 계절과 무관한 각종 옷가지, 크고 작은 인형과 장난감, 기저귀를 담았던 종이상자와 무엇에 쓰는 물건인지 아리송한 플라스틱 박스, 심지어 세발자전거 3대와 킥보드 2대 등이 잡동사니처럼 어지럽게 쌓여있었다. 침실로 추정되는 안방은 문을 열 수 없을 만큼 많은 물건으로 가득 차 있었고, 욕실로 보이는 공간도 바닥은 물론 욕조까지 발 디딜 틈 없이 채워져 있었다. 창가에 쌓여있는 물건들은 금방이라도 쏟아질 것처럼 위험했고, 복도에 놓여있는 물건들도 건드리면 무너질 것처럼 위태로웠다. 집 안 곳곳에서는 음식이 부패하는 냄새와 말로는 설명하기 힘든 악취가 풍겨서 그 공간에 오래 머무르는 것은 불가능했다.

미리 파악한 정보에 의하면, 이 가정에는 초등학교 1학년인 남아와 유치원에 다니는 여아, 그리고 생후 10개월 된 영아가 있었다. 남자아이는 이쪽 구석에 엎드려서 휴대폰을 만지작거리고 있었고, 여자아이는 저쪽 구석에 쪼그려서 동화책을 읽고 있었다. 하지만 갓난아이와 아이의 어머니는 보이지 않았다. 어머니가 갓난아이를 데리고 외출한 것으로 판단하고 집 밖으로 나가려던 순간, 발끝에서 무언가 물컹한 감촉이 느껴졌다. 하마터면 부주의하게 밟을 뻔했는데, 놀랍게도 그것은 이불과 옷가지 밑에 가려서 보이지 않았던 갓난아이였다.

아이 어머니는 더럽고 낡은 옷을 입고 있었고, 치료진의 방문을 달가워하지 않았다. 그녀는 매일 동네를 배회하면서 남들이 버린 물건을 주워왔으며, 심할 때는 음식물쓰레기까지

들고 왔다. 견디다 못한 남편이 화를 내고 집을 나가버린 뒤 마땅한 돈벌이가 없던 그녀의 입장에서, 버려진 물건은 활용할 가치가 있는 쓸만한 물건이었고 자녀를 키우려면 반드시 필요한 물건이었다. 아이들 모두 호흡기질환을 지니고 있었는데, 특히 갓난아이의 건강상태와 발육상태가 매우 좋지 않았다.

2) 사례 2: 시체가 발견된 무너져 내리는 집

1947년의 어느 날 아침, 뉴욕 할렘가의 경찰서에 주변의 콜리어 저택에서 시체가 부패하는 냄새가 난다는 신고가 들어왔다. 모두 명문대학을 졸업한 콜리어 형제가 살고 있는 3층짜리 저택은 12개의 방이 있는, 한동안 유행하던 갈색 벽돌로 지어진 건물이었다. 굳게 닫힌 현관문을 열지 못한 경찰관은 어쩔 수 없이 지하실 철문을 부수고 진입하는 방법을 선택했다. 그러나 철문 뒤쪽은 천장까지 쌓여있는 신문지 더미로 막혀 있었고 다른 출입구도 마찬가지였다. 결국 소방관이 사다리를 타고 2층과 3층의 창문을 통해 진입하려고 시도했으나 바리케이드처럼 쌓아놓은 창가의 물건들을 치울 수 없어서 포기했다.

이쯤 되자 수많은 구경꾼이 몰려들었고, 2시간가량 지나서야 한 경찰관이 2층 중앙의 창문에 겨우 매달릴 수 있었다. 그의 눈에 비친 실내의 풍경은 충격 그 자체였다. 신문, 잡지, 우산, 깡통, 서적, 난로, 상자 등이 천장까지 가득 차 있었고, 각 방을 왕래하기 위해 이용한 것으로 보이는 가늘고 긴 터널들이 뚫려 있었다. 어떤 터널은 막혀 있었고, 어떤 터널은 비밀통로처럼 보였으며, 어떤 터널에는 침입자의 방문에 대비한 부비트랩이 설치되어 있었다. 부비트랩은 물건을 건드리면 무너지거나 오물이 쏟아지거나 돌멩이가 떨어지도록 정교하게 설계되어 있었다.

위험을 무릅쓰고 실내에 진입한 경찰관은 다시 한 번 깜짝 놀랐다. 65세의 호머 콜리어가 앉은 자세로 사망해 있었기 때문이다. 당연하게도 구경꾼들은 호머 콜리어가 수년 전에 사망했을 거라고 수군거렸지만, 부검을 실시한 결과 그는 불과 10시간 전에 영양실조와 심장마비로 사망한 것으로 추정되었다. 그는 14년 전에 시력을 잃었고 관절염 때문에 거동이 불편했다. 지난 몇 년간 그를 목격한 사람은 아무도 없었다. 오직 그의 형인 랭글리 콜리어가 동생을 돌보았던 것이다. 형제의 아버지가 의사였기에 그들에게는 의학지식이 있었고, 저택에는 충분한 의학서적이 구비되어 있었다.

그런데 대대적인 수색을 펼쳤음에도 불구하고 랭글리 콜리어의 모습은 어디에서도 찾을 수 없었다. 이내 며칠 전에 난간에서 랭글리 콜리어를 목격했다는 신고자가 나타났고, 이웃들은 그가 아직 집 안에 숨어 있을 것이라고 의심했다. 그러나 경찰은 그가 이미 도주했다고 판단했다. 도시 전체가 들썩일 정도로 요란한 검문검색을 실시했으나 랭글리 콜리어의 행방은 묘연했다. 경찰은 다시 저택을 정밀수색했다. 주택국에서 파견된 관리도 안전진단을 실시했는데, 그가 내린 결론은 건물이 붕괴할 위험성이 크다는 것이었다.

곧이어 저택에서 물건을 반출하는 작업이 시작되었다. 처음 이틀간 무려 19톤에 달하는 물건이 밖으로 쏟아져 나왔고, 지켜보던 사람들은 값진 보물들에 탄성을 질렀다. 초창기 X선 촬영장비, 헨리 포드사의 자동차 T모델, 심지어 머리가 두 개 달린 태아 표본까지 있었다. 발굴 작업을 시작한지 3주 후, 호머 콜리어가 사망한 채 발견된 장소에서 10피트도 떨어지지 않은 지점에서 랭글리 콜리어의 훼손된 시체가 발견되었다. 랭글리 콜리어는 동생에게 음식을 갖다 주려고 엉금엉금 기어서 터널을 통과하다가 부비트랩에 걸려 사망한 것으로 밝혀졌다. 검시관의 소견은 형이 먼저 사망한 뒤 동생이 이어서 사망했다는 것이었다.

모든 발굴 작업이 마무리되었을 때, 콜리어 저택에서는 무려 170톤에 이르는 잡동사니가 치워졌다. 물건은 경매에 부쳐졌는데, 낙찰가는 2,000달러였다(Frost & Steketee, 2010).

3) 사례 3: 오솔길이 나 있는 연구실

○○대학교 ○○학과의 김 교수는 책벌레 및 정보광으로 유명하다. 그는 연간 1천만 원 상당의 비용을 도서와 자료를 구입하는 데 지출하며, 자신이 봉직하고 있는 대학의 도서관 및 거주하고 있는 지역의 도서관에서 대출할 수 있는 최대 한도의 서적을 빌린다. 그러나 대출한 도서의 반납기한은 전혀 고려하지 않으며, 여러 번 독촉전화를 받더라도 무시하기 일쑤다.

김 교수의 자동차에는 일반적인 가방보다 상당히 큰 10여 개의 가방이 언제나 들어 있고, 가방의 안과 밖은 각종의 도서와 자료로 가득하다. 자동차에는 오직 김 교수만 탑승할 수 있는데, 가끔 자동차의 문을 열 때 책들이 우르르 굴러 떨어져서 찢어지기도 한다. 김 교수는 자신과 비슷한 연구를 진행하는 학자들이 출간하는 국내외의 논문을 빠뜨리지 않고 수집한다. 시간이 부족하기 때문에 당장 읽을 수는 없지만, 언젠가 반드시 정독해서 자신의 것으로 소화한 뒤 나중에 책을 쓰고 논문을 작성할 때 적절하게 인용하기 위해서다. 논문을 수집할 때는 일단 컴퓨터 파일의 형태로 확보한 뒤 종이에 인쇄해서 2부씩 더 보관한다. 혹시 급하게 필요할 때 찾아내지 못하면 낭패이기 때문이다. 컴퓨터 본체의 하드디스크 용량은 이미 초과

한지 오래고, 외장형 하드디스크 3개에도 지난 10년간 수집한 파일이 가득하다.

김 교수의 연구실에는 누구도 함부로 들어갈 수 없다. 이중의 열쇠로 굳게 닫혀 있을 뿐만 아니라, 허락 없이 자신의 책이나 자료를 건드리면 지위고하를 가리지 않고 공격하고 비난하기 때문이다. 이렇게 학구열에 불타는 김 교수지만, 최근에 대학본부에서는 그에게 경고처분을 보내왔다. 지난 5년간 연구하고 발표한 실적이 전혀 없었기 때문이다. 도서와 자료를 수집하는 데 몰두하는 김 교수의 성정을 잘 아는 사람이라면 도저히 이해할 수 없는 일이다.

가끔 방문이 열려 있을 때 힐끗 훔쳐보고 깜짝 놀랐는데, 김 교수의 연구실에는 오솔길이 나 있었다. 그리고 또 한 가지, 김 교수가 다녀간 곳에서는 서적과 자료가 자주 분실된다는 믿을 만한 소문이 돌고 있다.

4) 사례 4: 홈쇼핑을 사랑하는 여인

바야흐로 홈쇼핑과 인터넷쇼핑의 시대로, 나는 좋은 시절을 타고난 행복한 여자다. 쥐뿔도 모르는 남편과 친구들은 쇼핑중독이라고 나를 흉보는 것 같은데, TV 채널을 돌릴 때마다 등장하는 아름다운 여자들과 멋드러진 남자들을 보고도 그런

말을 계속 지껄일 수 있을까? 홈쇼핑을 제대로 안 해봤으면 아예 말을 하지 말아야 한다.

대형마트나 재래시장에 가는 일은 정말로 번거롭고 불편하다. 자동차를 타고 가면 길이 막히고 주차장이 붐비기 때문에 귀중한 시간이 더 많이 들어간다. 시간은 금이다. 한 번이라도 더 검색해보고 비교해봐야 더 좋은 물건을 더 싸게 살 수 있는데, 아까운 시간을 왜 밖에서 소모하는지 이해가 되지 않는다. 게다가 대형마트에는 사람이 너무 많아서 계산할 때 줄을 서서 기다려야 하고, 내가 무엇을 사든지 말든지 상관할 자격도 없는 사람들이 힐끔거리고 쳐다보는 꼴을 견뎌주기가 어렵다. 내가 물건을 많이 사는 것은 그만한 까닭과 쓸모가 있기 때문인데, 자기들이 뭐라고 저 여자는 엄청나게 많이 샀다는 둥 어떻다는 둥 찧고 까부는 것이 몹시 거슬린다.

대형마트에 가면 쇼핑카트를 끄는 것도 어렵고 주차장에서 집까지 물건을 옮기는 것도 힘들다. 홈쇼핑에서 물건을 구입하면 현관까지 편하게 배송해주고 구매할 때마다 포인트를 차곡차곡 적립해준다. 홈쇼핑을 꾸준히 시청하면 가끔씩 찾아오는 천금 같은 기회를 잡아서 완전 소중한 녀석을 말도 안 되는 헐값에 득템할 수 있고, 때마다 철마다 나한테 필요한 물건이 무엇인지 친절하게 안내받을 수 있다. 이처럼 시간과 공간의 제약을 뛰어넘는 최첨단의 홈쇼핑을 즐기는 나는 참으로 지혜로운 여자다.

　비록 생활비가 모자라기 때문에 500원이나 더 저렴한 화장지 묶음을 인터넷에서 몇 시간씩 찾아야 하는 수고가 필요할 때가 가끔 있고, 아직까지 가격표가 그대로 붙어 있어서 단순변심에 의한 반품 여부를 신중히 고민하게 만드는 란제리 세트와 프리미엄 주방기구 세트가 옷장과 찬장에서 잠자고 있기는 하지만 말이다.

　어차피 죽을 때 짊어지고 갈 것도 아니고, 돈은 쓰려고 버는 것 아닌가? 그리고 말이야 바른 말이지, 남편이 제 구실을 못하면 돈이라도 많이 벌어야 제 몫을 다하는 것이다. 어쩌면 홈쇼핑의 가장 멋진 매력은 하루에도 몇 번씩 나에게 부드럽고 따뜻하게 말을 걸어주는 유일한 존재라는 점이다. 날마다 잊지 않고 문자메시지를 보내주는 나의 가장 친한 친구 ○○홈쇼핑, 완전 소중해! ◆

4. 저장장애 진단기준

저장장애는 미국정신의학회American Psychiatric Association: APA
가 1952년부터 발간하고 개정해온 『정신장애의 진단 및 통계
편람 제5판DSM-5』(APA, 2013)부터 공식적인 진단범주로 등재되
었다. 이전에는 저장장애를 강박장애의 하위유형, 강박성 성
격장애의 부분증상, 충동통제장애와 유사한 이상행동, 정신분
열증과 같은 정신병적 장애 정도로 간주했다.

저장장애에 관한 체계적인 연구는 1990년대 초반부터 본격
적으로 시작되었다(Frost & Gross, 1993). 저장장애 연구 및 치료
의 선구자로는 랜디 프로스트Randy O. Frost, 게일 스티케티Gail
Steketee, 데이빗 톨린David F. Tolin 등이 자주 언급된다.

1) 진단기준

DSM-5(APA, 2013)에 따르면, 저장장애는 다음 A부터 F까지의 모든 기준을 충족시킬 때 진단된다.

A. 물건의 실제적 가치와 상관없이, 물건을 버리지 못하거나 혹은 물건을 떼어놓지 못하는 문제가 지속적으로 나타난다.

B. 이러한 문제는 물건을 보관하려는 의도적 욕구 및 물건을 버리는 행위와 연합된 고통 때문에 발생한다.

C. 버리지 못한 물건이 적극적 생활공간에 어지럽게 쌓여서 잡동사니처럼 나뒹굴고, 결국 물건과 생활공간을 본래의 용도대로 사용하지 못한다. 만약 생활공간이 어지럽혀져 있지 않다면, 제3자예: 가족구성원, 청소부, 공무원 등가 개입해서 물건을 치웠기 때문이다.

D. 저장증상 때문에 임상적으로 심각한 고통이 초래되거나 혹은 사회적, 직업적, 자기와 타인의 환경을 안전하게 유지하는 것을 포함하여 기타 중요한 영역의 기능이 심각하게 손상된다.

E. 저장증상이 다른 의학적 상태예: 뇌손상, 뇌혈관질환, 프래더-윌리 증후군로 인해 발생하는 것이 아니다.

F. 저장증상이 다른 심리장애의 증상예: 강박장애의 강박사고, 주요

우울장애의 저하된 활력, 정신분열증 혹은 기타 정신병의 망상, 주요신경인지
장애의 인지적 결손, 자폐스펙트럼장애의 제한된 흥미으로 더 잘 설명
되지 않는다.

2) 진단기준 해설

(1) 지속적으로 버리지 못함

저장장애의 핵심특징은 물건을 버리지 못하거나 떼어놓지
못하는 문제가 지속적으로 나타난다는 점이다진단기준 A. 여기
서 '지속적persistent'이라는 단서는 물건을 상속받은 경우처럼
일시적으로 소유물이 많아진 상황은 문제가 되지 않으며, 엉
망진창으로 방치된 잡동사니와 더불어 장기적으로 생활하는
경우만 문제가 된다는 뜻이다.

또한 '버리지 못한다difficulty discarding'는 기준에는 내버리거
나 판매하거나 기부하거나 재활용하지 못하는 행동이 모두 포
함된다. 버리지 못하는 증상이 나타나는 주된 이유는 물건에
쓸모가 있다고 여기거나, 물건에 심미적 가치가 있다고 느끼
거나, 물건에 강렬한 정서적 애착을 보이기 때문이다. 어떤 사
람은 물건의 운명이 자신에게 달려있다고 생각하며, 물건을
함부로 낭비하지 않으려고 애쓴다. 물건에 담긴 중요한 정보
를 잃어버릴까 봐 버리지 못하는 사람도 많다. 거의 모든 물건

을 버리지 못하지만, 전형적으로 저장하는 물건은 신문, 잡지, 의복, 가방, 서적, 편지, 서류 등이다.

(2) 실제적 가치와 상관없이

물건의 '실제적 가치actual value'는 중요하지 않다. 최근까지 심리학자들은 '닳아빠진 물건 혹은 심지어 감상의 가치마저 없는 무가치한 물건'을 버리지 못하는 것이 저장장애라고 생각해왔는데, 강박성 성격장애 진단기준 일부에 이것이 포함되어 있었기 때문이다. 그러나 DSM-5(APA, 2013)의 저장장애 진단기준은 '물건의 실제적 가치와 상관없이' 버리지 못하는 것으로 변경되었다.

데이빗 톨린 등의 연구에 따르면, 저장장애를 겪고 있는 사람은 물건의 실제적 가치와 상관없이 거의 모든 물건을 버리지 못한다(Tolin, Frost, Steketee, & Fitch, 2008). 예컨대, 가격표를 뜯지 않은 옷가지나 포장지를 벗기지 않은 전자제품을 저장하는 사람도 있다. 이것은 실제적 가치를 지닌 물건이 분명하므로, 과거의 진단기준을 적용하면 저장장애로 진단할 수 없다. 물론 저장장애를 겪고 있는 사람은 타인이 가치가 없다고 여기는 물건마저 가치가 있다고 여기는 경향이 있다. 하지만 임상적 판단의 준거는 소유하고 있는 물건의 가치가 아니라 물건의 총량이다.

(3) 의도적 저장

저장장애를 겪고 있는 사람은 물건을 '의도적purposeful'으로 보관하며, 자신의 의사에 반해서 물건을 버려야 하는 상황에 봉착하면 고통스러워한다진단기준 B. 의도적 저장은 수동적 축적과 구분된다. 예컨대, 뇌손상을 입은 사람이 운동기능을 상실하여 주거공간을 정돈하지 못하는 경우진단기준 E, 주요우울장애를 겪고 있는 사람이 활력의 저하 때문에 쓰레기를 버리지 못하는 경우진단기준 F는 저장장애로 진단할 수 없는 수동적 축적에 해당한다. 정신분열증을 앓고 있는 사람이 피해망상 때문에 개인정보가 담겨 있는 메모지를 폐기하지 못하는 경우는 의도적 저장에 해당하지만, 이것은 정신분열증 때문에 발생하는 문제라고 더 잘 설명할 수 있으므로 저장장애로 진단할 수 없다진단기준 F.

(4) 잡동사니

저장장애를 겪고 있는 사람의 생활공간은 '잡동사니clutter'로 가득하다. 그 결과, 부엌에서 요리와 설거지를 못하고, 침실에서 수면과 휴식을 취할 수 없고, 의자와 탁자를 본래의 용도에 맞게 사용하지 못한다진단기준 C. 물론 저장장애를 겪고 있지 않은 사람의 주거공간도 엉망진창으로 어지럽혀져 있을 수 있다. 일반적으로 창고, 차고, 다락, 지하실 등의 부수적 생활

공간이 그렇다. 따라서 진단기준에 '적극적active' 생활공간이
라는 단서가 붙어있다는 점을 유념해야 한다.

정상적 수집과 병리적 저장을 구분하면서 살펴봤듯이, 저
장증상은 심각한 주관적 고통을 초래한다진단기준 D. 감당하기
힘든 잡동사니 때문에 당혹감과 무력감을 느끼고, 엉망진창으
로 어지럽혀진 공간이 타인에게 노출될까 봐 두려움과 수치심
을 느끼며, 공짜로 나눠주는 물건을 받아오거나 새로운 물건
을 추가로 들여올 때 죄책감을 느낀다. 아울러, 자신의 물건을
타인이 함부로 건드리는 경우, 가족이 허락 없이 물건을 처분
하는 경우, 이웃이 경찰서나 관공서에 신고하고 간섭하는 경
우에 분노감을 경험하고 공격성을 드러낸다. 결과적으로 가
족, 친지, 이웃, 친구, 동료 등과의 관계에서 마찰과 갈등이 빚
어져서 사회적 및 직업적 기능이 심각하게 손상된다.

(5) 병식

저장장애의 진단기준에는 병식insight과 관련된 3단계의 세
부단서specifier가 붙어 있다. 자신의 저장증상을 병리적인 문제
라고 인식하는 경우양호한 병식, 거의 인식하지 못하는 경우불량한
병식, 전혀 인식하지 못하는 경우부재한 병식로 구분된다.

저장장애를 겪고 있는 사람은 자신의 수집행동과 저장행동
을 병리적인 문제라고 거의 혹은 전혀 인식하지 못하는 경향

이 있다. 대다수가 문제를 완강히 부인하거나 상당히 축소시
킨다. "도대체 뭐가 그렇게 문제가 됩니까? 우리 집에는 불필
요한 물건이 하나도 없어요. 남의 일에 쓸데없이 참견하지 마
세요."와 같이 퉁명스럽게 반응한다. 이렇게 병식이 불량한 사
람 혹은 부재한 사람은 주관적 고통을 거의 느끼지 않으므로,
이런 경우는 사회적 및 직업적 기능이 심각하게 손상되어 있
는 점에 근거하여 저장장애를 진단할 수 있다진단기준 C.

(6) 지나친 수집

저장장애의 진단기준에는 '지나친 수집excessive acquisition'이
동반되는 경우에 대한 세부단서도 마련되어 있다. 세부단서를
적용하면 저장장애는 크게 2가지 유형, 즉 지나친 수집이 동반
되는 저장장애와 지나친 수집이 동반되지 않는 저장장애로 구
분된다. 지나친 수집이 동반되는 저장장애가 전체의 약 80~
90%를 차지한다. 예컨대, 물건을 강박적으로 구매하는 경우,
공짜로 나눠주는 물건 혹은 타인이 내버린 물건을 과도하게
축적하는 경우, 심지어 물건을 훔치는 경우 등이 여기에 해당
한다. 더 자세히 살펴보자(Pertusa, Frost, Fullana, Samuels,
Steketee, Tolin, Saxena, Leckman, & Mataix-Cols, 2010).

3) 지나친 수집이 동반되는 저장장애

(1) 강박적 구매행동

사례 3에서 소개한 서적과 자료에 집착하는 교수, 사례 4에서 묘사한 홈쇼핑을 사랑하는 여인처럼 물건을 지나치게 구입하는 강박적 구매행동compulsive buying 때문에 문제가 되는 경우가 있다. 수입에는 한계가 있는데 지출에는 한도가 없기 때문이다. 필요한 수준 이상으로 물건을 구매하므로 신용카드 과다지출 혹은 한도초과 같은 재정문제와 신용문제가 발생하며, 자연스럽게 가족갈등 및 부부갈등이 초래된다. 흔히 충동통제장애의 일종인 구매광oniomania 혹은 쇼핑중독이라고 부르기도 한다.

예컨대, '피플 파워'라고 불리는 민중봉기에 의해 축출된 필리핀 독재자의 부인이었던 이멜다 마르코스는 약 3,000켤레의 구두를 비롯해서 의류, 가방, 보석, 액세서리 등을 사치한 것으로 유명하다. 그나마 그녀에게는 수입의 한계가 없었을 테니 강박적 구매행동으로 인해 주관적 고통을 경험하지는 않았을 것이다. 어떤 사람은 수백 개의 비디오테이프를 구입해서 자녀의 일상생활을 빠짐없이 기록하고, 절대로 잃어버리면 안 되는 소중한 정보라고 생각해서 철저하게 보관한다. 그러나 비디오테이프 어디에서도 촬영된 내용과 일시를 알려주는 라벨을 찾을 수 없다. 전혀 조직화되지 않은 채 방치되어 있을 뿐이다. 따라서 정보의 양은 풍성하지만 정보의 질은 빈곤하다. 그럼에도 불구하고 비디오테이프를 구매하고 녹화하는 행동을 중단하지 못한다.

강박적 구매행동을 하는 사람은 대체로 자신을 위해서 물건을 구입하지만 때로는 타인을 위해서 물건을 구입하기도 한다. 예컨대, 타인에게 선물할 물건을 구매하고, 선물을 포장할 포장지를 구매하고, 선물을 담을 쇼핑백을 구매하는 식이다. 어떤 물건이 누군가에게 멋진 선물이 될 것 같다고 생각하면 당장 필요하지도 않고 바로 전달하지도 않으면서 충동적으로 구입한다. 그래서 포장도 벗기지 않은 채 보관하고 있는 물건이 집 안에 넘쳐난다. 일반적인 사람은 선물할 일이 생겼을 때 쇼핑을 하지만, 강박적 구매자는 '멋진' 물건을 목격하면 일단 사들이고 싶은 충동을 억제하지 못한다. 그러다가 갑자기 누군가에게 선물할 상황이 벌어지면 "미리 사놓기를 잘했다."라면서 간헐적 강화를 경험한다.

강박적 구매행동을 하는 사람이 자주 떠올리는 자동적 사고automatic thought에는 "내 돈을 내 마음대로 쓰는데 누가 이러 쿵저러쿵 할 수 있어?" "나는 열심히 일하고 있고 충분히 벌고 있어." "나는 좋은 물건을 사고 그것을 누릴 만한 자격이 있어." "미리 사두면 나중에 분명히 도움이 될 거야." 등이 있다.

이런 내용의 자동적 사고는 물건을 구매하고 싶은 충동에 저항하지 못하게 만들고, 자신의 자격과 가치를 입증하기 위해서 마치 의무인 것처럼 쇼핑에 빠져들게 이끈다.

또한 백화점에 가면 흔히 "일단 입어보기만 하자. 사지는 말고." "일단 만져보기만 하자. 사지는 말고."와 같은 자동적 사고가 나타난다. 그래서 신상품 원피스를 입어보게 되고, 센스 있는 점원에게 칭찬받게 되고, 기분이 상당히 좋아지게 되며, 과도한 씀씀이 때문에 남편과 다투었던 사실을 까맣게 잊어버리게 된다. 더 나아가서, 자신이 존중받고 대접받을 자격이 있는 사람인 것처럼 느껴서 혼자 집에 있을 때는 경험하지 못했던 긍정적 정서를 체험하게 된다. 물건을 구입하면 이러한 행복감에 도취되므로, 물건을 구입하지 말아야 하는 현실적 조건을 고려하지 못하게 된다.

그러나 동일한 상황에서 정반대의 자동적 사고를 떠올릴 수도 있다. 예컨대, "통장에 잔고가 얼마나 남았지?" "이번 달에는 빚을 조금 갚으려고 했는데, 또 못 갚겠네." "남편에게 뭐라고 말하지? 분명히 그 인간이 내 카드영수증을 볼 텐데." "남편이 열 받으면 어떻게 하지?" 등이다. 만약 이런 생각을 품는다면 물건과 관련된 그리고 구매행동과 연합된 긍정적 정서는 격감될 것이고, 구매행동 이후에 후회와 걱정이 밀려올 것이다.

더 나아가서, 다음과 같은 파국적인 결론으로 도약한다. "도대체 어디서부터 어떻게 잘못된 거지?" "나는 문제가 있는 사람임에 틀림이 없어." "나는 충동을 조절하지 못하는 무가 치한 인간이야." 이런 자동적 사고를 품으면 이내 우울해진다. 하지만 우울감을 기꺼이 체험하는 것보다 회피하는 것이 더 편하기 때문에 신속하게 우울감에서 벗어나려고 시도한다. 가장 쉬운 방법은 다시 쇼핑하는 것이다.

이와 같이 강박적 구매행동을 하면 적어도 일시적으로는 불쾌한 감정상태에서 벗어날 수 있고 유쾌한 감정상태에 들어갈 수 있다. 그러나 장기적으로는 엄청난 대가를 치러야 한다. 이른바 존재의 고통예: 우울감, 무가치감에서 벗어나려고 발버둥치다가 부재의 고통예: 신용불량, 가족갈등을 덧붙이는 체험회피의 역설적 결과에 봉착하게 되는 것이다(유성진, 2010; Hayes, Strosahl, & Wilson, 1999). 이 점에 대해서는 저장장애의 원인과 치료를 논의할 때 다시 살펴보겠다.

(2) 과도한 획득행동

사례 1에서 소개한 쓰레기집에 살고 있는 가난한 여자, 사례 2에서 묘사한 대저택에 살고 있는 부유한 형제처럼 과도한 획득행동excessive acquisition 때문에 문제가 되는 사람이 있다. 공간에는 한계가 있는데 축적에는 한도가 없기 때문이다. 이들은 필요 없는 물건과 쓸모 없는 물건을 생활공간이 허용하는 범위를 초과할 정도로 수집하며, 감당하기 어려운 분량의 잡동사니를 욕심껏 축적한다. 결과적으로 생활공간이 심각하게 제한되고, 물건과 공간을 본래의 용도대로 사용하지 못하게 된다.

또한 물건이 쏟아져서 사람이 다치고, 건물이 무너져서 행인이 다치고, 바닥에 누워 있는 아기를 밟아서 사망하는 등의 안전사고가 발생할 가능성이 높아진다. 집 안에 먼지가 가득하고, 부엌에서 음식이 부패하며, 욕실에서 해충이 번식한다. 결과적으로 위생환경이 나빠지고, 호흡기질환 같은 건강문제가 나타난다. 당연히 가족갈등 및 부부갈등이 초래되어 물건을 처분하라는 압박을 받지만, 물건을 버리기보다는 차라리 가족과 헤어지는 극단적인 방법을 선택하기도 한다.

과도한 획득행동을 반복하는 사람은 타인에게는 무의미하고 무가치한 물건에도 집착한다. 예컨대, 찢어진 종이조각, 모르는 전화번호, 깨어진 꽃병 조각까지 정서적 애착의 대상이라면 무엇이든 수집하고 보관한다. 물론 정서적 애착 자체가 문제는 아니며 각각의 물건 자체도 문제가 아닐 수 있다. 본질은 정서적으로 애착하는 물건의 개수가 너무 많고 범위가 너무 넓다는 것이다. 일반인의 입장에서는, 아무리 중요한 물건이더라도 일상생활이 어려워질 정도로 개수가 많아지면 그것

의 중요성이 반감된다. 그러나 과도한 획득행동을 하는 사람
의 입장에서는, 생활의 불편이나 가족의 반발 따위로는 각각
의 물건이 지니고 있는 의미와 가치가 쉽게 훼손되지 않는다.
그래서 지속적으로 버리지 못하는 것이다.

　과도한 획득행동을 하는 사람은 공짜로 나눠주는 물건과
무료로 제공되는 물건에 집착한다. 지하철에서 배포되는 무가
신문, 거리에서 뿌려지는 전단지, 은행창구에 비치되어 있는
월간잡지, 심리치료자의 응접실에 놓여 있는 명함까지 조용히
집어간다. 어떤 사람은 청소년의 약물복용을 우려하는 신문기
사, 부모와 자녀의 친밀한 대화를 강조하는 안내책자를 강박
적으로 보관한다. 이유를 물어보면 "나중에 아들이 불법약물
을 복용하면 보여주려고요." "나중에 딸과 제대로 대화하기
위해서요."라고 대답한다. 통신회사에서 보낸 영수증은 "잘
읽어봐야 더 저렴한 요금제를 찾아낼 수 있으니까요."라고 말
하면서 버리지 않는다.

　이들은 물건을 보관하는 이유를 나름대로 합리적으로 설명
하면서 자신의 축적행동을 정당화한다. 대개 '언젠가 요긴하
게 사용할 때가 있을 것'이라는 논리가 핵심이다. 이런 물건은
잘 보이는 곳, 잊어버리지 않을 곳에 놓아둬야 하므로 이미 산
더미처럼 쌓여있는 잡동사니의 맨 위에 올려놓는다. 그리고
잠시 뒤, 그 위에 또 새로운 물건을 올려놓는다. 산더미 위에

산더미가 쌓이고, 보물 밑에 보물이 묻히는 격이다. 뒤집어 생각하면, 이들은 자신의 기억력을 불신하고 분별력을 회의한다. "물건을 보이지 않는 곳에 놓아두면 잃어버리거나 쉽게 찾아내지 못할 것이다."라고 생각하는 것이다. 그래서 천장까지 잡동사니가 쌓인다.

과도한 획득행동을 하는 사람은 공짜와 무료에 집착하는 경향이 있다고 언급한 바 있다. 하지만 사례 1과 사례 2에서 알 수 있듯이, 경제적 빈곤이 문제의 본질은 아니다. 가난해서 수집하는 사람도 있지만 부유해서 수집하는 사람도 있다. 쓰레기통을 뒤지는 노숙자, 넝마주이로 생계를 유지하는 독거노인이 버려진 물건을 아직 쓸 만한 물건으로 여기는 것은 어쩌면 당연하다. 그러나 사회적 지위와 정치적 권력을 남용해서 공짜 물건을 획득하고 타인의 재산을 탐하는 사람도 있다. 백화점은 시즌이 바뀔 때마다 체험행사를 열어서 VVIP 고객에게 견본을 제공하고, 사회적 명망가에게는 전관예우라는 명분으로 특혜와 이권이 주어진다. 원청업체 고위층은 하청업체 실무자에게 향응과 접대를 요구하며, 정치인과 퇴직관료는 업무와 연관된 사람에게 영향력을 행사하면서 선물과 금품을 강요한다. 이러한 유형도 과도한 획득행동에 포함된다.

(3) 기회의 절도행동

저장장애는 타인의 소유를 훔치는 행동stealing 및 대가를 치르지 않고 물건을 가져오는 행동shoplifting과 함께 나타나기도 한다. 절도행동은 짜릿한 스릴과 극도의 흥분을 제공하며, 발각되지 않으면 강렬한 안도감도 주어진다. 대개 값어치가 별로 혹은 전혀 없는 물건을 훔치는 경향이 있는데, 사실은 훔친 물건을 구매할 만한 경제적 여유가 있는 경우가 많다. 계획적 절도행동보다 우발적 절도행동의 빈도가 잦고, 절도행동에 대해서 죄책감과 수치심을 거의 느끼지 않으며, 그것이 초래할 결과를 염려하지 않는 편이다. 이러한 양상은 충동통제장애의 일종인 도벽증kleptomania과 흡사하다.

흥미롭게도, 절도행동과 저장행동은 모두 물건과 관련이 있다. 이것을 하나로 묶어주는 것이 기회심리opportunity다. 자신이 소유할 수 있는 물건을 소유하지 않는 것은 잠재적 유익을 포기하는 것이고, 절호의 기회를 잡지 못한 것은 절호의 기회를 놓친 것과 마찬가지다. 기회는 강물처럼 흘러가므로 자신에게 찾아온 기회는 반드시 잡아야 하고, 자신에게 흘러들어온 물건은 절대로 흘러나가지 못하게 막아야 한다.

절도행동을 하는 사람의 입장에서, 기회를 잃는 것에 대한 공포는 기회를 얻는 것에 대한 보상보다 더 크다. 따라서 이들은 보상을 추구하려는 동기가 아니라 기회를 보존하려는 동기에 이끌리는 것으로 이해된다. 그러나 무언가를 획득하려면 무언가를 지불해야 하는 것이 인생의 법칙이다. 이들은 기회의 획득에 강박적으로 집착하지만 기회의 비용을 정당하게 지불하지 않기 때문에 문제가 된다. ◈

5. 저장장애 역학자료

1) 저장장애 징후

저장장애를 겪고 있는 사람은 타인과 어울리지 않고 혼자서 외롭게 살아가는 경향이 있다. 자신의 생활공간과 주거공간에 사람을 초대하지 않으며 타인이 출입하는 것을 꺼린다. 미혼 혹은 이혼한 경우가 많고, 어렸을 때 정서적 결핍 혹은 물질적 궁핍을 경험한 사람도 많다. 대체로 가족이나 이웃과 친밀한 관계를 형성하지 못하며, 가족과 친척 중에서 약 50% 정도가 비슷한 저장증상을 보인다. 쌍둥이 연구에서도 약 50%가 저장장애를 공병하고 있는 것으로 밝혀져서, 유전적 소인이 관여하는 것으로 이해된다.

저장장애를 겪고 있는 사람 중에는 잡동사니가 가득한 환경에서 성장한 사람이 많고, 물건을 체계적으로 분류하는 방

법과 물건에 우선순위를 매기는 방법을 배우지 못한 사람이
많다. 일상생활 및 갈등상황에서 스스로 결정하고 판단하는
것을 상당히 어려워하며, 사소한 일에 대해서도 생각과 걱정
이 지나치게 많은 편이다. 이들은 자신을 돌보고 가꾸는 행위
에는 별로 관심을 기울이지 않으며, 오히려 자기를 무시하는
태도를 보인다(Neziroglu et al., 2004).

(1) 관련특성

DSM-5(APA, 2013)에는 저장장애를 정확하게 진단하기 위해
서 임상가가 고려해야 하는 관련특성이 기술되어 있다. 저장
장애는 흔히 우유부단, 완벽주의, 회피행동, 꾸물거림, 주의산
만성 등과 함께 나타난다. 그리고 계획수립능력과 조직화능력
에 결함이 있어서 잡동사니를 처분하지 못하므로, 위생문제와
건강문제가 우려되는 환경에서 생활하고 있는 경우가 많다.
이러한 관련특성 및 그것이 초래하는 결과를 이후에 별도의
장에서 자세히 살펴보겠다.

(2) 동물저장장애

특수한 형태의 저장장애로 반려동물을 지나치게 많이 수집
하는 동물저장장애animal hoarding가 있다. 반려동물을 과도하게
수집하고 저장하는 사람 대부분이 물건도 지나치게 수집하고

저장한다. 동물저장장애의 경우에는 극단적으로 심각한 위생
문제와 건강문제가 함께 나타나며, 거의 모두 자신의 저장행
동을 문제라고 여기지 않는 부재한 병식을 보인다. 동물저장
장애의 원인과 유형에 대해서도 이후에 별도의 장에서 자세히
살펴보겠다.

2) 역학자료

(1) 유병률

DSM-5(APA, 2013)에 따르면, 미국과 유럽에서 집계하여 추
산하는 저장장애 유병률prevalence은 약 2~6%다. 남성과 여성
의 성차는 뚜렷하지 않다. 일부 역학조사에서 남성의 유병률
이 상당히 높은 것으로 보고되었으나, 임상장면에는 남성보다
여성이 더 많이 방문하는 경향이 있어서 대비된다. 저장장애
는 장년층34~44세보다 노년층55~94세에서 거의 3배 이상 더 자
주 발생하는 것으로 파악된다.

저장장애에 과도한 획득행동이 동반되는 경우가 약 50%에
이르고, 강박적 구매행동이 동반되는 경우는 약 75%에 달한
다. 지나친 수집이 동반되는 저장장애는 여성에게서 더 흔하
게 관찰된다(Frost, Tolin, Steketee, Fitch, & Selbo-Bruns, 2009;
Samuels, Bienvenu, Grados, Cullen, Riddle, Liang, & Nestadt, 2008).

(2) 경 과

저장장애는 유년기부터 시작되어 노년기까지 이어진다. 저장증상은 대개 11~15세경에 처음으로 출현한다. 20대 중반에는 일상생활에 지장을 겪으며, 30대 중반에는 임상적인 수준의 심각한 손상을 겪는다. 저장장애 임상연구에는 대부분 50대가 참여한다. 따라서 연령이 높아지면서 저장장애의 심각성도 비례하여 증가되는 것으로 예측할 수 있다. 일부에서는 증상의 기복이 나타나지만, 대부분의 경우에는 일단 저장장애를 갖게 되면 대체로 만성적인 경과를 밟는 것으로 보인다(Tolin, Meunier, Frost, & Steketee, 2010).

아동과 청소년의 경우, 정상적 수집과 병리적 저장을 주의 깊게 감별해야 한다. 아동과 청소년이 생활환경을 정리하지 못하거나 보유하고 있는 물건을 버리지 못하는 것은 일반적인 현상이다. 따라서 제3자가 개입했을 때 어떻게 반응하는지 잘 살펴보아야 한다. 예컨대, 부모가 청소년의 방을 정리하고 청소했을 때 강하게 반발하지 않는다면 저장장애로 진단하기는 어렵다.

저장장애를 겪고 있는 사람은 물건을 버리느니 차라리 가족과의 이별을 선택하는 경향이 있어서 1인 가구의 비중이 높은 편이다(Steketee & Frost, 2014). 따라서 저장장애를 지니고 있는 사람 가운데 상당수는 심리적 및 정서적으로 적절한 돌봄을 받지 못하고 있는 것으로 추정된다. 또한 상당수가 위생불량이나 안전문제로 인해 생존과 건강에 심각한 위협을 받고 있을 것으로 예상된다(Steketee, Frost, & Kim, 2001). ◆

6. 저장장애 공존병리

저장장애는 흔히 다른 심리장애와 함께 나타난다. 전체의 약 75% 가량에서 우울장애나 불안장애가 동반된다. 가장 흔한 공존병리는 주요우울장애, 사회불안장애, 범불안장애다. 저장장애와 강박장애를 함께 겪고 있는 사람도 전체의 약 20%에 이른다(APA, 2013). 어떤 연구에서는 주요우울장애57%, 사회불안장애29%, 범불안장애28%, 강박장애17%, 특정공포증12%, 외상후스트레스장애6%, 지속성우울장애4%, 공황장애2% 순서로 공존병리의 비율이 높다고 보고되었다. 공존병리 없이 순수한 저장장애만 겪고 있는 사람은 전체의 약 8%에 불과하다(Frost, Steketee, & Tolin, 2011). 대표적인 공존병리 및 저장장애와의 유사점과 차이점을 살펴보자.

1) 강박 및 관련장애

DSM-5(APA, 2013)의 체계에 따르면, 저장장애는 신설된 강박 및 관련장애obsessive-compulsive related disorders 범주의 하위유형에 해당한다. 상위범주인 강박 및 관련장애의 공통점은 강박적 집착과 반복적 행동이다. 하위유형으로 강박장애, 신체변형장애, 모발뽑기장애발모증, 피부벗기기장애박피증 그리고 저장장애가 진단된다.

(1) 강박장애

강박 및 관련장애라는 명칭에서 '강박强拍'은 강한 압박을 의미하는 것으로, 무언가에 심리적으로 집착하여 스스로 어찌할 수 없는 병리적 상태를 뜻한다(권석만, 2013). 전형적인 강박장애obsessive-compulsive disorder는 강박사고와 강박행동으로 구성된다. 강박사고는 원하지 않는 생각이나 충동이나 심상이 반복적으로 의식에 침투하는 현상이고, 강박행동은 강박사고로 인해서 유발된 부정적 감정예: 불안감, 죄책감, 수치심에서 벗어나기 위해 반복하는 행동이다. 대표적인 강박행동에는 확인하기, 씻어내기, 반복하기, 정렬하기, 지연하기, 숫자 세기, 기도하기, 암송하기 등이 있으며, 저장장애의 특징인 수집하기도 여기에 포함된다. 강박장애를 겪고 있는 사람은 자신의 강박행

동이 지나치고 부적절하다는 것을 잘 알고 있지만, 강박행동
을 수행하지 않으면 극심한 불안감을 느끼기 때문에 어쩔 수
없이 동일한 행동을 반복하게 된다.

저장장애가 강박 및 관련장애 범주에 포함되는 까닭은 수
집행동과 저장행동의 반복성repetition 때문이다. 저장장애에서
도 강박장애에서와 마찬가지로 조절되지 않는 행동이 반복적
으로 나타난다. 또한 저장장애를 겪고 있는 사람은 물건을 버
리는 것을 두려워하고, 지나치게 걱정을 많이 하며, 중요한 물
건을 잃어버리지 않았는지 끊임없이 확인한다. 그러나 강박장
애의 반복행동은 부정적 감정을 회피하려는 목적으로 수행되
는 반면, 저장장애의 반복행동은 부정적 감정을 회피하려는
목적뿐만 아니라 긍정적 감정을 체험하려는 목적으로도 수행
된다는 중요한 차이점이 있다(Abramowitz, Wheaton, & Storch,
2008; Frost & Steketee, 1998; Pertusa, Fullana, Singh, Alonso,
Menchon, & Mataix-Cols, 2008).

(2) 모발뽑기장애, 피부벗기기장애

저장장애를 겪고 있는 사람은 물건을 수집하고 구매하고
획득하는 과정에서 긍정적인 감정을 경험한다. 이것은 모발뽑
기장애hair-pulling disorder와 피부벗기기장애skin-picking disorder에서
도 비슷하게 나타난다. 이들은 모발을 뽑거나 피부를 벗기면

서 수치심, 죄책감, 무력감과 같은 부정적인 감정을 경험하지만 이와 동시에 유쾌감, 만족감, 해방감과 같은 긍정적인 감정도 경험한다.

(3) 감별포인트

강박장애, 모발뽑기장애, 피부벗기기장애를 겪고 있는 사람은 반복적인 행동을 중단하고 싶은 마음이 있지만 중단하지 못해서 문제가 되는 반면, 저장장애를 겪고 있는 사람은 지속적인 저장행동을 중단하고 싶은 마음이 없어서 문제가 된다.

결과적으로, 감별포인트는 증상이 자아이질적ego-dystonic이냐 혹은 자아동조적ego-syntonic이냐의 차이다. 저장장애는 일반적인 강박 및 관련장애와 달리 자아동조적인 증상으로 구성되어 있다. 즉, 이들은 물건을 수집하고 저장하는 것이 문제가 되지 않는다고 생각해서 의도적으로 행동하며, 오로지 자신의 의사에 반해서 물건을 버려야 할 때 혹은 물건을 수집하지 않으려고 저항할 때만 부정적 감정에 휩싸인다. 신경생물학적 수준에서도 강박장애와 저장장애는 전혀 다른 패턴의 뇌활동성을 보인다고 보고되어 있다(Tolin, Stevens, Villavicencio, Norberg, Calhoun, Frost, & Pearlson, 2012).

이런 차이점 때문인지는 알 수 없으나, 저장장애를 겪고 있는 사람은 전통적인 강박장애 치료방법으로는 쉽게 호전되지

않는다고 알려져 있다(Steketee & Frost, 2003, 2007). 또한 저장장
애를 겪고 있는 사람은 일상적 및 사회적 기능에서 강박장애
보다 더 현저한 장해를 보이며, 증상에 대한 병식도 상대적으
로 더 결여되어 있다.

2) 충동통제장애

저장장애는 충동통제장애impulse-control disorders와도 유사하
다. DSM-IV(APA, 1994)까지는 충동통제장애라는 상위범주가
별도로 존재했고, 하위유형으로 도벽증, 발모증, 방화광, 병적
도박, 간헐적 폭발성 장애가 진단되었다. 충동통제장애의 공
통적 특징은 자신 혹은 타인에게 위해를 끼칠 수 있는 행동을
하려는 충동과 욕구와 유혹에 저항하지 못하고, 충동적인 행
동을 하기 전에 긴장감과 각성상태가 고조되며, 일단 충동적
인 행동을 하고 나면 유쾌감, 만족감, 안도감을 경험한다는 것
이다(권석만, 2013).

(1) 병적 도박

상당수의 저장장애에 동반되는 구매행동과 절도행동은 병
적 도박행동pathological gambling과 기능적으로 유사한 측면이 있
다. 이런 행동은 모두 기회심리와 밀접한 관련이 있다. 도박행

동을 통해서 하늘이 내려주신 기회를 잡거나 놓치지 않으려고 하는 것처럼, 저장장애의 강박적 구매행동과 기회의 절도행동 역시 귀중한 물건을 획득할 기회를 잡으려는 행동 혹은 기회를 놓치지 않으려는 행동이라고 설명할 수 있다.

(2) 감별포인트

구별되는 지점은 물건을 버리지 못하는 증상 및 소유물을 조직화하지 못하는 증상이 다른 충동통제장애에서는 나타나지 않는다는 점이다. 또한 충동통제장애를 갖고 있는 사람은 저장장애와 비교할 때 위험한 행동과 흥분적 행동을 더 강하게 반복한다. 유병률에도 성차가 있다. 도벽증, 발모증, 박피증, 강박적 구매행동은 여성에게서 더 빈번하고, 방화증, 병적 도박, 간헐적 폭발성 장애는 남성에게서 더 빈번하다.

3) 강박스펙트럼장애

강박스펙트럼장애obsessive-compulsive spectrum disorders라는 개념은 공식적인 분류체계에는 등장하지 않는다. 그러나 저장장애를 입체적으로 이해하는 데 도움이 되므로 소개하려고 한다. 여기서 스펙트럼이란 임상양상, 공존병리, 진행경과, 치료반응, 신경학적 기제 등이 비슷한 여러 심리장애를 포괄하는

구성개념이다. 예컨대, 자폐스펙트럼장애에는 전형적인 자폐
장애를 중심으로 이와 유사한 여러 장애가 포함된다.

(1) 강박스펙트럼 연속선

　강박스펙트럼장애의 범위는 상당히 넓다. 전형적인 강박장
애를 비롯해서 이와 유사한 질병불안장애, 신체변형장애, 섭
식장애, 저장장애, 뚜렛장애, 발모증, 박피증, 병적 도박, 성도
착장애, 경계선 성격장애, 반사회성 성격장애 등이 강박스펙
트럼에 포함된다(Hollander, 1993; Koran, 1999).

　강박스펙트럼을 펼쳐놓으면 아래 그림과 같은 연속선이 형
성되어 '한 지붕 세 가족'의 존재를 확인할 수 있다. 강박스펙
트럼은 좌측 극단의 강박성향compulsivity부터 우측 극단의 충동
성향impulsivity까지 이어진다. 즉, 강박스펙트럼은 위험회피가

강박성향 ———	혼합성향 ———	충동성향
강박장애	저장장애	경계선
질병불안장애	뚜렛장애	반사회성
신체변형장애	발모증	
섭식장애	박피증	
	병적 도박	
	성도착장애	

〈강박스펙트럼〉

특징인 강박성향이 더 강하게 나타나는 심리장애와 흥분추구가 특징인 충동성향이 더 강하게 나타나는 심리장애를 모두 포괄하는 이질적인 스펙트럼이다.

(2) 혼합성향

저장장애는 강박스펙트럼의 중간 지점에 해당하는, 강박성향과 충동성향이 중첩되는 혼합성향을 강하게 드러내는 심리장애다. 이러한 견해는 저장장애가 부정적 감정의 회피 및 긍정적 감정의 추구라는 두 개의 측면과 연합되어 있다는 사실에 잘 부합한다(Goldsmith, Shapira, Philips, & McElroy, 1998).

4) 주요우울장애

저장장애와 공존하는 빈도가 가장 높은 장애는 주요우울장애major depressive disorder다. 저장장애를 겪고 있는 사람 가운데 절반 이상이 주요우울장애도 지니고 있다. 주요우울장애를 지니고 있는 사람은 활력이 저하되어 있고, 동기가 결여되어 있고, 과제에 주의를 집중하지 못하며, 일상생활을 제대로 영위하지 못한다.

저장장애는 주요우울장애의 결과보다 원인으로 간주되고 있다. 저장장애로 인해서 수치심, 당혹감, 죄책감, 무력감에

빠지고 자기존중감이 낮아지면서 우울해진다. 이렇게 우울한
상태에서는 저장장애로 인해 유발되는 여러 문제를 극복할
만한 활동에 참여하지 못하게 되고, 결과적으로 잡동사니를
방치하게 된다. 또한 우울감에서 벗어나기 위해서 쇼핑을 하
면 잡동사니의 총량이 증가해서 저장증상이 더 심각해진다.
그러나 주요우울장애를 겪고 있는 사람은 긍정적인 감정을
거의 느끼지 못하지만, 저장장애를 겪고 있는 사람은 긍정적
인 감정과 부정적인 감정을 모두 느낀다는 임상적 차이점이
있다.

5) 불안장애

저장장애와 범불안장애generalized anxiety disorder 및 사회불안
장애social anxiety disorder의 공존비율도 상당히 높다. 저장장애를
겪고 있는 사람은 범불안장애를 겪고 있는 사람처럼 만성적으
로 걱정이 많고, 마치 벼랑 끝에 몰린 듯한 초조감을 경험하
며, 주의를 집중하는 것이 어렵고, 쉽게 지치고 피로감을 느끼
는 경향이 있다. 또한 저장장애를 겪고 있는 사람은 사회불안
장애를 겪고 있는 사람처럼 수줍음이 많고, 여러 사람과 함께
있을 때 신경이 곤두서고, 친밀한 관계형성과 사회적 상호작
용을 가급적 회피하는 모습을 보인다.

6) 섭식장애

저장장애는 섭식장애eating disorder와도 유사한 측면이 있다. 저장장애를 겪고 있는 사람이 물건에 강박적으로 집착하는 것처럼 거식증anorexia nervosa과 폭식증bulimia nervosa을 갖고 있는 사람은 음식에 강박적으로 집착한다. 이들은 게걸스럽게 음식을 섭취함으로써 심리적 허기와 정서적 결핍을 보상하려고 시도하는 것으로 이해된다. 또한 이들은 자신을 무능한 혹은 무력한 존재로 인식하고 효능감과 자율감을 느끼지 못하는데, 음식을 섭취하려는 욕구를 과도하게 통제함으로써 효능감을 향상시키고 자율성을 쟁취하려고 처절하게 노력하는 것으로 이해된다(Frankenburg, 1984).

7) 주의력결핍 과잉행동장애

비록 공존비율이 높지는 않지만, 저장장애는 주의력결핍 과잉행동장애attention deficit hyperactive disorder: ADHD와도 관련이 있다. 주의력결핍 과잉행동장애를 지니고 있는 사람은 당면한 과제에 주의를 집중하고 유지하는 능력에 결함이 있어서 사소한 자극 혹은 무관한 자극에도 주의가 쉽게 분산된다. 따라서 물건을 분류하는 작업을 꾸준하게 수행하는 데 어려움을 보이며, 결과적으로 잡동사니를 정리정돈하지 못하는 문제가 발생할 수 있다. 특이하게도, 주의력결핍 과잉행동장애를 지니고 있는 사람은 자신이 강렬한 흥미를 갖고 있는 대상에는 굉장히 주의를 집중하는 모습을 보인다. 어떤 경우에는 과도하게 주의를 집중하기 때문에 초집중hyper-attention이라고 부르는데, 저장장애를 겪고 있는 사람도 자신이 애착하는 물건에는 초집중하는 경향이 있다.

8) 정신분열증

정신분열증schizophrenia과 같은 정신병을 앓고 있는 사람이 병리적 저장행동을 보이는 경우도 있다. 이들은 피해망상 혹은 관계망상으로 인해서 자신과 관련된 정보가 외부로 유출되는 사태를 극도로 꺼린다. 그래서 이미 사용한 물건, 관리비 영수증, 친구의 전화번호가 적힌 종이, 약속장소가 적힌 약도, 메모지와 일기장과 쓰레기 등을 전혀 버리지 못하는 것이다. 또한 정신분열증을 앓고 있는 사람은 자신의 소중한 물건을 타인이 훔쳐갈까 봐 두려워서 상당수의 물건을 늘 휴대하고 다니기도 한다. 예컨대, 일상생활에 전혀 필요하지 않은 각종의 물건을 커다란 등산배낭에 가득 넣고 다니거나, 땀에 젖지 않게 하려고 비닐로 제작한 복대에 돈뭉치나 서류뭉치를 구겨

넣고 다니는 경우가 있다. 극도로 심각한 경우에는 자신의 콧구멍 혹은 항문에 비밀스러운 물건을 쑤셔 넣고 다니기도 한다(Arieti, 1974).

동물저장장애를 갖고 있는 사람 중에는 자신이 동물을 보호하는 특별한 사명을 부여받은 존재라고 믿으면서 구원환상을 품는 경우가 있다. 이들은 종종 정신분열증에서 나타나는 과대망상을 지니고 있는 것처럼 보이기도 한다. ◆

저장장애는
왜 생기는가

2

1. 동일결과성의 원리

수집하고 저장하는 물건의 종류가 다양한 만큼 물건을 지나치게 수집하는 이유와 잡동사니를 버리지 못하고 쌓아두는 까닭도 천차만별이다. 일반적으로, 저장장애를 겪고 있는 사람은 다음과 같은 이유로 지나치게 많은 물건을 수집하고 저장한다(Neziroglu et al., 2004; Steketee & Frost, 2014).

- 만일의 사태에 대비하기 위해서
- 물건을 버리는 것이 고통스러우므로
- 물건에 제자리를 찾아주고 싶어서
- 물건을 안전하게 보호하고 싶어서
- 물건을 차분하게 감상하고 싶어서
- 어떻게 처분할지 정확하게 결정하지 못해서
- 실수로 필요한 물건을 버리는 것이 두려워서

- 기억나지는 않지만 이유가 있어서 보관했을 것이므로
- 아직 읽고, 이해하고, 기억하지 못했으므로
- 다른 것으로 대체할 수 없는 독특한 물건이므로
- 조금이라도 쓸모나 가치가 있으므로
- 지금은 가치가 없더라도 나중에 가치가 있을지 모르므로
- 낭비하면 죄책감이 느껴지므로
- 절호의 기회를 놓치고 싶지 않으므로
- 물건을 정리할 시간이 부족하므로
- 어디서부터 정돈할지 엄두가 나지 않아서

저장장애를 겪고 있는 사람은 물건에 고유한 의미와 독특한 가치를 부여하는 경향이 있으므로 저장장애의 발생과 지속에 기여하는 요인을 단순한 몇 가지로 설명하는 것은 사실상 불가능하다. 또한 물건을 지나치게 수집하는 이유, 물건을 버리지 못하는 이유, 엉망진창으로 잡동사니가 쌓이는 이유가 서로 상당히 다르다는 점도 고려해야 한다.

이상심리학에서는 이것을 '동일결과성equi-finality'의 원리라고 부른다. 동일한 목표지점에 도달하기 위해 거치는 중간경로가 상이할 수 있는 것처럼, 저장증상은 복합적 원인에 의해 초래된다는 점을 전제하는 것이다. 따라서 저장장애의 원인을 이해하고 치료를 계획하기 위해서는 개인별 사례개념화가 필

요하다.

　이제부터 저장장애의 발생과 지속에 기여하는 요인을 부정적 경험의 회피, 긍정적 경험의 추구, 정보처리과정의 결함이라는 3가지 측면에서 집중적으로 살펴보면서 사례개념화의 실마리를 찾아보려고 한다. ◆

2. 부정적 경험의 회피

인간은 통제전략control agenda에 의지하여 번성해왔다. 통제 전략이란 문제의 해결에 초점을 맞추어 대상을 변화시키려는 시도를 의미한다. 무엇이든 불편한 것이 있으면 그것을 찾아내 서 제거하면 그만이므로, 통제전략은 기본적으로 합리적이다.

그러나 인간의 삶에는 변화시킬 수 '있는' 부분과 변화시킬 수 '없는' 부분이 동시에 존재한다. 따라서 통제전략이 아무리 합리적이라고 하더라도 적절한 수준과 범위를 벗어나면 심각 한 문제가 야기된다. 변화시킬 수 있는 외부의 물리적 환경을 통제하는 것은 적응에 유익하지만, 변화시킬 수 없는 내부의 심리적 경험을 통제하는 것은 적응에 유익하지도 않고 근본적 으로 가능하지도 않기 때문이다. 환경적 불편감을 제거하는 데 효과가 있었던 통제전략을 심리적 불편감을 회피하는 데까 지 무리하게 적용하는 과정에서 비롯되는 부적응적 결과가 바로 심리장애다(유성진, 2010; Baer, 2003; Ciarrochi & Bailey, 2008; Clark, 1999; Germer, 2005; Hayes et al., 1999; Linehan, 1993).

1) 체험회피

통제전략의 다른 이름은 체험회피experiential avoidance다. 체험회피란 고통스러운 심리적 경험정서, 사고, 감각, 충동, 기억과 기꺼이 접촉하지 않고 그것으로부터 벗어나려는 필사적인 시도를 의미한다. 체험회피로 인해서 이미 심각한 심리장애를 경험하고 있음에도 불구하고 동일한 통제전략을 경직되게 구사하는 것도 여기에 포함된다(Hayes et al., 1999).

(1) 마술적 통제감

인간은 고통의 체험을 회피하는 존재다. 우리는 고통스러운 심리적 경험을 제거하고 경감하기를 원하고, 저마다 다양한 방식으로 그것을 통제하고 회피하려고 시도한다. 하지만 안타깝게도, 체험회피는 적응적인 해결책이 아니다. 체험회피를 통해서 일시적으로 고통을 통제할 수 있을지 모르지만, 그것은 마술적 통제감magical control을 착각하는 것에 불과하다. 실제로는 당면한 상황에 대한 지각된 통제감이 오히려 현저하게 감소되기 때문이다.

저장장애를 겪고 있는 사람은 물건을 버리는 것과 연합된 심리적 고통인 불안감과 상실감의 체험을 회피한다. 그들의 입장에서, 물건을 버리는 것은 몹시 혐오적인 행위이고 반드시 회피해야 하는 행동이다. 그래서 물건을 버리지 못한다. 또한 그들은 잡동사니로 인해서 유발되는 심리적 고통인 압도감과 혼란감의 체험을 회피한다. 도대체 어디서부터 어떻게 정리를 시작해야 할지 모르기 때문에 "에라, 모르겠다."는 자포자기 상태에 빠져든다.

(2) 체험회피의 역설

그 결과가 어떠한가? 적어도 일시적으로는 수집행동과 저장행동을 통해서 불안감, 상실감, 압도감, 혼란감의 체험을 회피하고, 착각으로나마 마술적 통제감을 느낄 수 있을 것이다. 그러나 장기적으로는 감당할 수 없는 분량의 잡동사니에 둘러싸여 더 큰 주관적 고통을 경험하게 되고 심리적 부적응에 사로잡히게 된다. 충분히 감당할 수 있는 고통이 도저히 감당할 수 없는 괴로움으로 증폭되고 변질되는 결과가 빚어지는 것이다.

심리치료자들에 따르면, 문제를 해결하려는 시도가 오히려 문제를 유지시키거나 증폭시키는 경우가 흔히 있다(Nardone & Watzlawick, 1993). 당면한 곤경으로부터 벗어날 수 있는 나름의 해결책이라고 여겼던 통제전략이 사실은 더 큰 역경을 초래하는 이른바 '진짜' 문제가 되어버리는 것이다. 신경증의 역설neurotic paradox이다. 저장장애 역시 고통스러운 경험에서 벗어나려는 필사적인 체험회피 시도가 초래하는 역설적이고 부적응적인 결과로 이해할 수 있다.

(3) 잘못된 탈출구

비유컨대, 체험회피는 목적지로 향하다가 난관에 봉착했을 때 우회하는 잘못된 탈출구false refuge다(Marlatt, 2002). 예컨대, 알코올에 의존하는 사람은 음주행동을 통해서 잠시나마 고통스러운 심리적 경험을 회피할 수 있다. 술에 취하면 불편한 기억과 감각이 적잖이 누그러지기 때문이다. 그러나 일단 잘못된 탈출구로 우회하면, 목적지를 향해서 가까이 다가가지 못하게 되고 엉뚱한 곳에서 시간과 연료를 소모하면서 하염없이 쳇바퀴를 돌게 된다. 술에 취하지 않고서는 견딜 수 없기 때문에 다시 술에 취해야 하는 악순환이 반복되는 것이다. 그 결과, 알코올의존이라는 치명적인 심리장애를 갖게 된다. 이와 같이, 고통스러운 경험에서 벗어나려는 시도인 체험회피는 개인의 자원과 역량을 부적절하게 소모시키는 무용하고 무익한 습관에 불과하다.

이번 장에서는 불안감, 불완전감, 외상경험, 죄책감, 무가치감에 대한 공포와 회피가 저장장애의 발생과 지속에 기여하는 측면을 논의하려고 한다. 저장장애를 겪고 있는 사람이 회피하려고 하는 불편한 심리적 경험은 무엇인지, 그리고 체험회피 시도가 처음의 의도와는 전혀 다르게 역설적 결과를 초래하는 병리적 과정과 모순적 상황에는 어떤 것이 있는지 자세히 살펴보겠다.

2) 불안감의 회피

강박적 수집행동과 병리적 저장행동의 밑바닥에는 불안과 공포가 한 자리를 차지하고 있다. 저장장애를 겪고 있는 사람에게 수집하고 저장하는 까닭을 물으면 대개 "만약의 경우를 대비해서just-in-case 저장한다."라고 답변한다. 이것을 개념적으로 표현하면, 저장장애는 실수하는 것에 대한 공포fear of making mistake 및 상실하는 것에 대한 공포fear of loss를 떨쳐내기 위한 처절한 몸부림이다.

저장장애를 지니고 있는 사람은 필요한 물건 혹은 쓸만한 물건을 버리는 어리석은 실수를 범할까 봐 불안해하고, 물건이 제공하는 중요한 정보와 잠재적 기회를 아깝게 상실할까봐 걱정하며, 물건과 연합되어 있는 개인적 기억과 주관적 가치를 영원히 상실할까 봐 두려워한다. 즉, 실수하지 않으려고 그리고 상실하지 않으려고 물건을 버리지 못한 채 잡동사니를 쌓아놓고 사는 것이다. 물건에 여전히 쓸모가 있다는 생각과 물건이 언젠가 필요할지 모른다는 생각은 내용적으로는 타당하다. 그러나 가령 그 물건을 5년간 보관하면서 한 번도 사용하지 않았다면, 그 생각은 기능적으로는 무익하다.

(1) 회피행동

정서는 정보의 집합체다. 정서는 개인이 지금 어떤 경험을 하고 있는지 그리고 장차 어떤 행동을 할 것인지와 관련된 정보를 제공한다. 예컨대, 분노감을 경험하고 있는 사람은 공격행동을 할 것이고, 수치심을 경험하고 있는 사람은 은닉행동을 할 것이며, 우울감을 경험하고 있는 사람은 무위행동을 할 것으로 예상된다.

정서emotion라는 단어는 어원상 '~하게 하다'는 뜻의 접두사[e]와 움직임을 뜻하는 명사[motion]가 합쳐진 것이다. 그래서 최근에는 더 정확하게 정동情動이라고 표현하곤 한다. 여기에는 특정한 정서가 특정한 행동을 자동적으로 유발한다는 의미가 내포되어 있다. 그래서 심리학자들은 정서를 행동경향성action tendency이라고 부른다(Frijda, 1986).

불안의 행동경향성은 회피다. 불안한 사람은 저마다 독특한 통제전략을 동원해서 자신이 두려워하는 사건이 발생하지 않게 하려고 적극적으로 회피한다. 이러한 통제전략, 즉 회피 행동이 반복되고 누적되는 과정에서 경직된 성격특성이 형성되고 불안장애가 발생한다.

예컨대, 어떤 대상과 마주치는 것이 두려워서 그것과 마주치지 않으려고 회피하는 것이 특정공포증specific phobia의 핵심이고, 불편한 신체감각을 체험하는 것이 두려워서 그것을 체험하지 않으려고 노력하는 것이 공황장애panic disorder의 본질이다. 외상사건을 다시 경험하는 것이 두려워서 트라우마와 관련된 상황과 장소를 회피하고 기억과 감정을 체험하지 않으려고 노력하는 사람은 외상후스트레스장애post-traumatic stress disorder를 겪게 된다. 안타깝게도, 나름의 해결책이라고 여겼던 필사적인 체험회피 시도가 오히려 불안장애를 완성시키는 역설적 결과를 초래하는 것이다.

(2) 부적 강화

불안장애의 증상은 경험요소, 즉 불안의 경험과 통제요소, 즉 불안의 회피로 구성된다(Bradley, 2000). 저장장애의 병리적 구조도 이와 동일하다.

저장장애를 겪고 있는 사람은 소중한 물건을 상실하는 것이 두려워서 그것을 상실하지 않으려고 노력하며, 쓸만한 물건을 버리는 실수를 범하는 것이 두려워서 실수를 범하지 않으려고 시도한다. 저장장애의 전형적인 경험요소는 실수하는 것과 상실하는 것에 대한 공포이고, 전형적인 통제요소는 물건을 모으고 버리지 않는 회피행동, 즉 수집행동과 저장행동이다.

이 과정에서, 불안감을 회피했기 때문에 자신이 두려워하는 위협적인 사건이 발생하지 않았다는 그릇된 믿음이 형성된다. 물건을 버리지 않았기 때문에 실수하지 않았고, 물건을 버리지 않았기 때문에 상실하지 않았다는 생각에 빠져드는 것이다. 물건을 버리지 않는 회피행동은 저장장애의 엄연한 증상임에도 불구하고, 오히려 회피행동 때문에 불안에서 벗어날 수 있었다는 부적 강화negative reinforcement의 고리에 걸려드는 것이다.

예컨대, 걱정했기 때문에 자녀가 학교폭력의 피해자가 되지 않았고, 걱정했기 때문에 남편이 정리해고의 대상자가 되지 않았다고 생각하는 사람이 있다. 임상가의 입장에서는 걱정행동이 병리적 회피행동이지만, 그녀의 입장에서는 걱정행동이 유익한 통제전략이 될 수밖에 없다. 부적 강화는 정상적인 수집행동과 저장행동이 병리적인 저장장애로 변질되는 강력한 원인이다.

어떤 사례에서, 케케묵은 신문을 버리지 못하고 오랫동안 쌓아두는 사람이 있었다. 심리치료를 진행하는 과정에서 신문을 버리기로 합의하고 어렵게 실행에 옮겼는데, 놀랍게도 신문더미에서 100달러가 들어있는 봉투가 튀어나왔다. 이것은 행동실험을 통해서 초래된 최악의 결과였다. 실수와 상실이 두려워서 물건을 쌓아두고 버리지 못하는 사람의 입장에서, 100달러가 들어있는 봉투는 물건을 버리지 말아야 하는 너무도 당연하고 합리적인 이유였기 때문이다. "그것 보세요. 제 말이 맞잖아요." 이러한 부적 강화는 실수하는 것에 대한 공포와 상실하는 것에 대한 공포를 지속시키고 회피행동을 반복하게 하는 연료로 기능한다.

(3) 공포관리이론

인간의 생명은 유한하다. 우리는 반드시 죽는다. 인간의 필멸성이다. 그러나 언제, 어디서, 어떻게 죽을지는 아무도 모른다. 죽음의 불확실성이다. 분명히 예정되어 있으나 정확히 예측할 수 없는 사건과 마주할 때, 인간은 마비되는 수준의 강렬한 공포를 경험한다.

공포관리이론terror management theory의 요지는 인간이 잠재적 공포에 대처하기 위해서 공포를 관리하는 나름의 전략을 동원한다는 것이다. 그런 전략 중의 하나가 자신의 일부가 사후에도 생존하기를 바라는 개인적 소망 혹은 종교적 신앙이다. 가치 있는 물건을 생산하고 수집하는 것도 공포를 관리하는 효과적인 전략이다. 이런 측면에서, 수집행동과 저장행동은 불멸성immortality을 추구하는 작업이라고 해석할 수 있다. 수집행동과 저장행동을 통해 불멸의 형태와 가치를 창조함으로써 죽음에 대한 공포를 어느 정도 다룰 수 있기 때문이다. 예컨대, 매순간 사진을 찍어서 기록을 남김으로써 자신의 소중한 시간과 기억이 상실되는 고통을 회피할 수 있으며 영원히 존재할 수 있는 것이다(Greenberg, Pyszczynski, & Solomon, 1986).

수집행동은 마치 세상에 혹은 상속자에게 유산을 남기는 과정과 비슷하다. 미술품 수집가 혹은 역사유물 수집가는 자신의 컬렉션을 박물관에 기증하거나 혹은 스스로 기념관을 설립하는 방법으로 영원히 존재할 수 있다. 호랑이는 죽어서 가죽을 남기고 사람은 죽어서 이름을 남긴다. 하지만 정상적 수집과 달리 병리적 저장의 결과인 잡동사니는 명예나 불멸과는 아무런 상관이 없다.

필멸성의 회피와 불멸성의 추구가 공포관리이론의 핵심이지만 꼭 그렇지는 않은 경우도 얼마든지 있다. 어떤 사람은 "죽어서도 나를 남기겠다. 많은 사람이 나를 기억하도록 하겠다."는 의도를 가지고 수집하고 저장하지만, 다른 사람은 "살아있는 동안 모든 것을 경험하고 소중히 간직하겠다. 내가 죽어버린 뒤에는 무슨 상관이야?"라는 냉담한 태도를 보이기도 한다. 군이 이름을 붙이자면, 전자를 영원주의, 후자를 순간주의로 명명할 수 있겠다.

(4) 분노와 저항

저장장애를 겪고 있는 사람은 아기 곰을 지키는 엄마 곰의
심정으로 물건을 지킨다. 그들은 타인이 물건을 건드리면 자
신을 건드린 것처럼 상처를 받고 분노에 휩싸이며, 물건이 사
라지면 텅 빈 것 같은 공허감을 느낀다. 그래서 "내 것을 지키
기 위해서는 무엇이든 하겠다." "어느 누구도 내 것에 손대지
못하게 하겠다." "이것은 나의 일부이고 연장이다. 철저하게
보관할 것이다."라는 생각을 품는다. 더 나아가면, "물건을 버
리라는 것은 내 아이를 버리라는 것과 같다. 내가 버리면 걔는
죽을 것이다. 그렇게 되기 전에 내가 먼저 나쁜 놈들을 죽일
것이다."라고 다짐한다.

3) 불완전감의 회피

저장장애를 겪고 있는 사람은 어쩔 수 없이 물건을 버리더
라도 완벽하게 정돈하고 꼼꼼하게 확인해서 버려야 한다. 예
컨대, 열쇠가 없는 낡은 여행가방은 버릴 수 없다. 열쇠를 잃
어버렸으므로 완전한 상태가 아니기 때문이다. 구멍 뚫린 양
말이나 망가진 컴퓨터도 마찬가지다. 이들은 물건을 수거해가

는 사람이 자신을 비난할까 봐 두려워하며, 사소한 실수도 엄청난 실패라고 간주한다. 대부분의 사람은 자신의 사소한 약점을 인정하고 인간적 결함을 수용하면서 살아가는데, 이들은 대수롭지 않은 실수에도 자신을 비난하고 비판하는 지나치게 엄격하고 가혹한 모습을 보인다.

(1) 불완전감

뇌의 전방대상피질은 오류를 탐지하는 기능을 담당한다. 여기에서 무언가 잘못되었다는 오류신호와 실수를 범했다는 위험신호가 송출된다. 저장장애를 겪고 있는 사람은 오류신호와 위험신호에 과민하기 때문에 완벽하지 못한 상태를 견디기가 힘들고 실수하는 것을 두려워한다. 불완전감에 사로잡히는 것이다(Tolin, Kiehl, Worhunsky, Book, & Maltby, 2009).

불완전감incompleteness은 어떤 행위를 했을 때 100% 만족스럽지 않다는 불충분한 느낌 혹은 기대에 맞아떨어지지 않는다는 미흡한 느낌을 의미한다. 불완전감을 경험하면, 완전하지 못하다는 찝찝함과 깔끔하지 못하다는 찜찜함에서 벗어나기 위해서 강박적인 회피행동에 몰두하게 된다. 연구에 따르면, 강박장애를 겪고 있는 사람 중 60% 이상이 강박행동을 수행하기 전에 불완전감을 느낀다고 보고했다(권석만, 2013).

불완전감을 NJREnot just right experience라고 부르기도 한다. 예

컨대, 옷이 몸에 딱 맞지 않는 느낌, 안경을 제대로 착용하지 못한 느낌, 자동차를 똑바로 주차하지 못한 느낌, 액자가 비뚤어진 느낌, 좌우의 균형이 어긋난 느낌 등이 대표적이다.

(2) 강박증상의 2차원

섬머펠트(Summerfeldt, 2004)는 강박장애를 설명하는 2가지 차원으로 위험회피와 불완전감을 제시했다. 질병에 걸리거나 도둑을 맞을까 봐 불안해서 손을 씻거나 자물쇠를 확인하는 강박행동은 위험회피 차원에서 설명된다. 그러나 물건이 반듯하게 놓여 있지 않거나 좌우의 균형이 맞지 않은 것이 불편해서 정렬하거나 대칭을 맞추는 강박행동은 불완전감 차원에서 설명된다. 특히 정렬, 질서, 균형, 대칭에 집착하는 강박장애의 경우, 저장장애와 유사한 양상이 나타난다는 점이 흥미롭다.

저장장애를 지니고 있는 아동의 3/4가량이 정렬과 관련된 문제를 보인다는 보고가 있다. 이들은 어려서부터 물건을 가지런히 정렬하는 습관을 지니고 있으며, 조금이라도 균형이 깨지거나 대칭이 어긋나면 혹은 누군가가 임의로 자신의 물건을 건드리거나 함부로 위치를 이동시키면 불완전감으로 인한 불편감을 경험한다.

저장장애의 첫 번째 원인으로 지목한 불안감의 회피가 위험회피 차원의 문제라면, 두 번째 원인으로 주목되는 것은 바로 불완전감의 회피다. 저장장애를 겪고 있는 사람은 자신이 소유하고 있는 물건, 가구, 집기 등을 타인이 건드리면 부정적인 사건이 벌어지지 않을까 염려하기도 하며위험회피 차원, 동시에 무언가 찜찜하고 찝찝해서 불편감을 경험하기도 한다불완전감 차원. 예컨대, 오래 전에 받은 편지를 버리지 못하는 이유는 친구의 주소를 잊어버리는 실수를 범하지 않으려고 혹은 중요한 정보를 상실하지 않으려고 회피하기 때문이다. 그러나 편지봉투와 편지지를 따로 버리지 못하는 이유는 마치 엄마와 아이를 떼어놓은 것 같은 불완전감을 경험하지 않으려고 회피하기 때문이다(Ecker & Gonner, 2008).

(3) 고통감내력 부족

대부분의 사람은 불안감과 불완전감을 감내하면서 살아가지만 저장장애를 겪고 있는 사람은 그것을 견디지 못한다. 고통감내력distress tolerance이 부족하기 때문이다. 임상적 관찰에 의하면, 심리적 고통을 겪고 있는 사람은 "불안하지만 혹은 찜찜하지만 그래도 견딜 수 있어요."라고 호소하지 않는다. 그들은 "불안해서 혹은 찜찜해서 견딜 수가 없어요."라고 호소하면서 불쾌한 정서의 체험을 적극적으로 회피하려고 시도한다(Zvolensky, Bernstein, & Vujanovic, 2011).

불쾌한 정서를 기꺼이 수용하고 감내해야 정서를 자각하고 처리하는 체험적 정서처리과정이 작동한다. 그러나 고통감내력이 부족하면 이 과정이 제대로 작동하지 않으면서 체험회피의 악순환에 빠져들게 된다. 임상적으로 문제가 되는 것은 불편한 정서경험 그 자체가 아니라 정서경험을 다루는 잘못된 전략 혹은 정서경험을 대하는 잘못된 태도다(유성진, 2010). 즉, 불완전감 그 자체가 아니라 불완전감을 회피하려는 그릇된 시도가 저장장애의 한 원인인 것이다.

사실, 대부분의 사람은 불완전한 상태를 잘 알아차리지도 못한다. 예컨대, 인쇄된 책에서 비뚤어진 글자를 발견하고, 2칸이 아니라 3칸이 들여쓰기 되어있는 문단을 찾아내며, 행간의 줄이 완벽하게 맞지 않거나 자간의 간격이 일치하지 않는 곳을 짚어내기란 여간 어려운 일이 아니다. 어떤 사람은 현관문 밖으로 나가려면 어깨가 완벽하게 정중앙을 통과해야 한다. 그래서 집 밖으로 나가지 못한다. 불완전감에 대한 과민성 및 그것의 회피 때문이다.

(4) 완벽주의

어떤 디자이너는 온갖 종류의 의복과 액세서리를 구비하고 있다. "모든 복장은 짝이 맞아야 하고 구색이 맞아야 한다. 심지어 남이 못 보는 속옷까지도."라고 생각하기 때문이다. 그의

2. 부정적 경험의 회피 ✽ **101**

입장에서는 정장, 셔츠, 벨트, 구두, 양말, 넥타이가 완벽하게 조화되어야 한다. 그렇지 못한 불완전한 상태는 도저히 견딜 수가 없다. 만약 이렇게 멋진 조합을 누군가가 우연히 칭찬하면 자기존중감이 향상될 것이다. 간헐적 강화의 힘이다.

어떤 박사과정 대학원생은 연구주제를 심층적으로 파고드는 과정에서 "모든 이슈가 서로 연관되어 있다."는 깨달음을 얻었다. 이후로 더 완벽한 연구를 설계하기 위해서 관련된 정보를 강박적으로 수집했다. 어떤 때는 전공서적 한 권을 통째로 요약했다. 그러나 결과는 논문심사 탈락이었다. 완벽성을 기하려다 효율성을 훼손했기 때문이다. 그럼에도 불구하고, 그는 문제점을 깨닫지 못하고 계속해서 정보를 수집하는 데 열중한다. 자료를 충분히 수집했다고 느끼기 전까지는 전혀 논문을 쓸 수 없기 때문이다.

이러한 행동의 이면에는 "완벽하게 조화를 이뤄야 사람들이 나를 더 값지게 바라봐줄 것이다." "모든 면에서 완벽하지 못한 상태는 결코 견딜 수 없다."라는 자신의 가치에 대한 부정적인 판단 및 고통감내력의 부족이라는 문제가 숨어있다. 뒤에서 살펴볼 무가치감 역시 반드시 회피해야 하는 고통스러운 심리적 경험 가운데 하나다.

4) 외상경험의 회피

오류신호와 위험신호가 존재하기 때문에 공포반응이 일어
나기도 하지만, 안전신호가 부재하기 때문에 공포반응이 촉발
되기도 한다. 저장장애를 겪고 있는 사람의 경우, 물건을 분실
하는 것은 안전신호가 사라지는 것과 유사한 공포를 유발한다.

(1) 취약한 자기

안전신호가 사라지면 취약한 자기상이 활성화된다. 어떤
사람은 타인이 자신의 물건을 버리는 것은 폭행이나 강간을
당하는 것과 같은 느낌을 준다고 보고했다. 이런 맥락에서, 저
장장애는 끔찍한 외상사건에 대한 반응으로 형성된 증상일 가
능성을 고려할 수 있다.

저장장애를 겪고 있는 사람은 일반인에 비해 외상경험의
종류와 빈도를 더 많이 보고한다. 한 연구에서, 일반인은 평균
적으로 3종인 데 비해 저장장애에서는 6종의 외상경험이 보고
되었고, 일반인은 5회인 데 비해 저장장애에서는 14회의 외상
경험이 보고되었다(Cromer et al., 2007). 외상경험의 내용에는
위협적으로 무언가를 빼앗긴 경험, 강제적으로 성관계를 맺은
경험, 신체적으로 공격당한 경험이 많았다. 비록 모든 저장장
애가 외상경험 때문에 생기는 것은 아니지만 상관관계를 부정

하기는 어렵다.

(2) 외상 후유증

성적인 학대나 신체적 폭력과 같은 외상사건은 안전감과 안정감을 동요시킨다. 특히 양육자로부터 언어적·정서적·신체적·성적 학대와 유기를 당하는 애착외상이 그렇다. 외상사건은 자기가치감의 혼란을 일으킬 뿐만 아니라 인간에 대한 신뢰감을 훼손하고 배신감을 유발한다. 외상사건으로 인해 자신을 적당한 대접을 받을 만한 자격이 없는 존재라고 인식하게 되고, 세상을 위험하고 위협적인 곳이라고 지각하게 되는 치명적인 후유증이 남는다.

외상경험이 저장장애로 이어지는 전형적인 경우를 생각해 보자. 외상사건의 후유증 때문에 자신을 무언가 근본적으로 잘못된 존재라고 생각하는 사람은 타인과 사회적으로 교류하지 못한다. 그렇게 방문과 창문을 걸어잠그고 외부와 담을 쌓으면 더 우울해진다. 종교에 귀의해서 안식을 찾아보려고 노력하지만 이내 부질없는 짓이라고 생각하고 포기한다. 이때부터 과거에 즐거움을 안겨주었던 행동을 다시 탐닉하기 시작한다.

그중의 하나가 바로 쇼핑이다. 타인에게 세련되게 보이고 싶으므로 멋진 스타일과 화려한 색상의 옷을 무제한으로 사들인다. 자신이 중요한 사람처럼 느껴질 때는 오직 그것을 제대로 차려입었을 때뿐이기 때문이다. 자녀가 있는 사람은 자녀에게 집착한다. "아무것도 부족하지 않게 해주겠어. 내가 가진 모든 것을 너희에게 다 줄 거야."라는 일념으로 물건을 수집하고 저장한다. 집 안 곳곳에 포장지도 벗기지 않은 물건이 가득 차고, 아내를 이해할 수 없는 남편과의 다툼이 잦아진다. 아이는 장난감을 망가뜨리고 또 장난감을 사달라고 조른다. 엄마는 아이에게 장난감을 다시 사주지만 망가진 장난감을 버리지는 못한다. 이쯤 되면, 저장장애라는 새로운 재앙이 찾아온다.

(3) 역발상

외상경험과 관련지어 저장장애의 원인을 설명하는 흥미로운 모델을 하나 더 소개하겠다. 저장장애의 발생시점을 조사했더니 50% 이상의 사람이 그 즈음에 상실, 사별, 죽음과 관련된 중요한 스트레스를 겪었다고 보고했다. 그런데 외상후스트레스장애와 저장장애의 공존비율은 고작 6% 정도에 불과했다.

그래서 역발상으로, 수집행동과 저장행동이 외상후스트레스장애의 발병을 억제하는 일종의 '보호요인'이 아닌지 탐구한 사람이 있다(Hartl, Duffany, Allen, Steketee, & Frost, 2005). 즉, 저장증상에 매달리는 방법으로 외상후스트레스장애의 발병을 면하는 경우도 있다는 것이다. 현실과 단절되는 고통을 면하기 위해서 신체증상에 집착하는 정신분열증 환자도 있으므

2. 부정적 경험의 회피 ✳ **105**

로, 이것은 충분히 설득력 있는 가설이다. 더 살펴보자.

(4) 요새의 건설

저장장애를 겪고 있는 사람은 잡동사니에 둘러싸여 있을 때 안락한 공간에서 안전하게 보호받는다고 느낀다. 마치 누에가 고치cocoon 속에서 유충의 시기를 보내는 것처럼, 그들도 자신만의 편안한 세상과 모든 것이 갖춰진 충분한 세계를 누리고 있는 것이다. 그들은 그곳을 아늑한 공간, 순결한 공간, 완벽한 공간이라고 지칭하고 실제로 그렇게 지각한다.

저장장애를 겪고 있는 사람은 이상적인 상태를 갈구하는 사람처럼 보인다. 생활공간을 스트레스 받을 때 휴식할 수 있는 장소, 아무도 침범하지 못하는 안전한 장소, 외부인의 간섭이나 참견에 전혀 영향을 받지 않는 장소, 아무런 걱정과 염려가 필요하지 않은 장소로 만들고 싶어 한다. 난공불락의 철옹성을 꿈꾸는 것이다. 그래서 어느 누구도, 심지어 가족과 자녀마저도 절대로 발을 들여놓을 수 없는 출입금지 구역을 설정한다. 여기저기에 '촉수엄금' 표지를 붙인다. 침실이 대표적인 공간이다. 침실에는 가장 값진 물건을 보관할 수 있으며, 온전하게 자기만의 물건으로 지켜낼 수 있다.

이런 식으로 요새 혹은 벙커를 건설한 뒤에는 특별한 의미를 지닌 물건, 타인이 절대로 오염시키면 안 되는 물건, 만일의 사태에 대비할 수 있는 물건으로 가득 채운다. 강박적 구매 행동과 과도한 획득행동은 사재기와 비슷하다. 언제 전쟁이 터질지 모르기 때문에 무조건 모아야 한다. 요새 혹은 벙커에 는 생수, 라면, 연료, 밥솥, 그릇, 칫솔, 치약, 화장지, 생리대, 냉장고, 세탁기, 라디오, TV 등 생활필수품이 적어도 하나씩 더 필요하다. 이런 식으로 보물섬이 완성된다.

우리가 볼 때 그들의 요새는 마치 캄캄한 동굴이나 울창한 정글과 비슷하다. 물건이 가득 쌓여있어서 냉장고가 고장났는 데 그것을 옮길 수도 없고 새로 냉장고를 살 수도 없다. 불편 에 불편이 가중된다. 저장장애를 겪고 있는 사람은 폐쇄공포 증claustrophobia을 지니고 있는 사람과 달리, 조그만 공간과 폐 쇄된 공간을 선호한다. 그들은 "오늘은 너무 힘들어서, 제가 사랑하는 보물들에 둘러싸여 편안하게 쉬고 싶어요."라고 이 야기한다.

(5) 위로와 안식

끔찍한 외상사건을 경험한 사람의 눈에는 무서운 사람들 천지고 화내는 사람들 투성이다. 이렇게 상처를 입히는 사람 보다는 물건이 더 재미있고 흥미롭다. 물건은 적어도 자기를 아프게 하지는 않는다. 그 밖에도 여러 이유가 있지만 여하튼 물건은 사람과 다르다. 물건은 몸과 마음이 지친 자신을 위로

하고 달래주는 대상soothing object이고, 사랑하는 물건에 둘러싸여서 안식하면 고통과 공포가 사라진다. 요새 혹은 벙커에 들어와 있으면 심지어 외상사건의 끔찍한 기억까지도 잊어버릴 수 있다.

저장장애와 비슷하게, 섭식장애를 겪고 있는 사람에게는 음식이 위로와 안식을 제공한다. 이들은 "선생님! 제 몸과 제 집은 같은 거예요. 저는 언제든지 그곳을 위로와 안식으로 가득 채울 수 있어요."라고 이야기한다. 물건으로 채우느냐 음식으로 채우느냐가 다를 뿐이다.

저장장애를 겪고 있는 사람의 입장에서 "물건은 사람보다 덜 복잡하고 덜 감정적이다." 당연히 물건은 사람보다 통제하기 쉽고 예측하기 쉽다. 그들은 종종 "사람은 예측할 수 없지만 물건은 예측할 수 있어요." "사람은 갑자기 나를 떠나버릴 수도 있고, 별안간 돌변해서 나를 해칠 수도 있어요. 하지만 물건은 그렇지 않아요."라고 이야기한다. 그러나 역설적이게도, 저장장애를 겪고 있는 사람을 중요한 타인으로부터 떼어놓는 것은 바로 그들이 애지중지하는 물건이다! 이혼으로 부부관계가 파탄나고, 갈등으로 가족관계가 해체된다. 체험회피 시도가 초래하는 모순이다.

5) 죄책감의 회피

저장장애는 낭비하는 것에 대한 공포fear of wasting와도 관련이 있다. 어떤 사람은 잠재적 쓸모에 주목해서 물건을 수집하고 저장하는데, 다른 사람은 물건을 미래에 사용할 가능성 따위는 전혀 고려하지 않으면서 수집하고 저장한다. 오로지 물건을 함부로 버리는 행위와 관련된 죄책감을 회피하기 위해서 강박적으로 집착하는 것이다. 죄책감과 수치심 같은 자의식적 감정은 해결하기가 상당히 어렵다.

(1) 낭비의 정죄

어떤 책(Frost & Steketee, 2010)에 실린 사례에서, "저는 얼마나 많은 미국인이 물건을 허투루 낭비하는지 잡지에서 읽었어요. 이 부엌장갑은 작은 구멍이 났을 뿐이지, 99%는 멀쩡하잖아요. 이것을 버리는 건 낭비예요. 끔찍한 죄악이라고요. 얼마나 좋은 천으로 되어 있는데요. 그리고 정말로 귀여워요."라고 말하는 여자가 있었다.

그녀의 심리치료자는 "귀여운 물건은 이것 말고도 많다. 그러니까 버려도 괜찮다."는 적응적인 생각을 유도했고, 내담자는 "다시 쓰겠다고 말하기는 했지만, 실제로는 그렇게 하지 않을 거예요. 저도 잘 알아요. 이미 집에 6개나 더 있으니까요."

라고 답변했다. 만약 과도한 죄책감에 대한 개입을 통해서 "장갑을 망가뜨린 것은 제 잘못이 아니에요. 애초에 장갑을 잘 만들었다면 이렇게 쉽게 망가지지는 않았을 거예요." "저는 나쁜 사람이 아니에요. 저는 최악의 상황에서 최선을 다한 거예요."라는 적응적인 생각을 이끌어낼 수 있다면, 자신을 비난하는 태도가 조금은 누그러질 것이다.

그러나 저장장애를 겪고 있는 사람은 심리치료 과정에서 과제를 완벽하게 수행하지 못하면 자신을 비난하고 책망한다. 자신을 실패자로 낙인찍고 가혹하게 처벌하는 것이다. 이에 더해, 심리치료자도 자신을 비판하고 공격할 것이라고 예상한다. 그래서 일거수일투족을 정확하게 수행하려고 애쓰면서 아까운 시간을 소모한다. 하지만 역설적이게도, 이것도 저장장애를 겪고 있는 사람이 그토록 정죄하는 엄연한 낭비다!

이러한 경향은 실수하는 것에 대한 공포와도 밀접한 관련이 있으며, 흔히 사회불안장애 및 회피성 성격장애와 동반되는 경향이 있다.

(2) 고통의 항존성

낭비하는 것에 대한 죄책감을 회피하기 위해서 부엌장갑을 버리지 않지만, 부엌장갑을 버리지 않고 모아두더라도 죄책감은 회피할 수 없다. "처음부터 이것을 사지 말았어야 했어. 너무 많은 부엌장갑을 샀고, 제대로 정리하지도 못했고, 오래 사용하지도 못했어. 나는 탐욕으로 똘똘 뭉친 나쁜 사람이야."와 같은 자아비판이 스멀스멀 찾아오는 것이다. 죄책감은 도처에 편재한다. 그녀가 어디에 가든지 죄책감도 항상 거기에 따라갈 것이다. 자의식적 감정에서 완전히 벗어날 수 있는 사람이 누가 있겠는가? 게다가 이들이 빈번하게 경험하는 죄책감은 자아이질적인 것이 아니고 자아동조적인 것이다.

예컨대, 굳이 밴드를 붙이지 않아도 되는 상처에 밴드를 붙인 것도 낭비이므로 죄책감을 경험한다. 두루마리 화장지를 한 칸만 써도 충분한데 세 칸이나 사용한 것도 낭비이므로 죄책감을 체험한다. 레스토랑에서 사먹지 않아도 되는 음식을 사먹는 것도 낭비이므로 죄책감이 찾아온다. 그래서 음식을 게걸스럽게 먹어도 사악한 죄악이고, 음식을 먹지 않고 레스토랑에서 도망쳐도 패악한 죄악이다. 왜냐하면 음식은 이미 만들어졌기 때문이다. 그것도 용납할 수 없는 자신의 탐욕 때문에 말이다.

(3) 내면화된 기준
저장장애를 겪고 있는 사람에게는 "아까운 물건을 내버리면 천벌을 받는다." "먹다가 남긴 음식은 나중에 지옥에 가서 다 먹어야 한다." "그렇게 살다가는 거지꼴을 면하지 못한다."

라는 마음속 깊은 곳에 내면화된 부모의 목소리가 참으로 가혹하다. 그 목소리는 시시때때로 울려 퍼지고, 좀처럼 멈출 줄을 모른다. 자신을 비난하고 불신하는 사람은 심리치료 과정에서도 난항을 겪는다. "제가 심리치료를 잘 버텨낼 것이라는 확신이 없어요. 그러므로 치료받지 않을래요." "심리치료를 시도했다가 혹시라도 실수하면 어떡해요? 그러니 시도하지 않을래요."와 같은 자기패배적 전략을 구사하기 때문이다.

낭비를 줄이자고 호소하는 반소비운동 혹은 비소비운동의 맥락을 고려할 때, 저장장애는 역설적으로 이에 부합한다. 타인의 눈에는 쓰레기로 여겨지는 물건이 이들에게는 의미 있는 존재로 여겨지기 때문이다. 만약 그들이 목숨처럼 간직하는 물건을 실제로 사용한다면, 그리고 저장행동 때문에 초래되는 갖가지 부작용을 경험하지 않는다면, 저장행동은 오히려 사회적으로 바람직한 행동일 수도 있다. 그러나 타인이 버린 물건을 단순히 모아두는 것만으로는 지구를 살릴 수 없다.

6) 무가치감의 회피

앞의 사례를 이어서 소개하면, 그녀는 "밖에서 누군가가 엑스레이 같은 투시경으로 들여다보면서 저를 낭비하고 사치하는 여자라고 생각하며 비난할 것 같아요. 비록 잡동사니로 가득한 엉망진창 속에서 살고 있지만, 그래서 완벽하지 못한 것이 스스로 너무 안타깝지만, 그래도 제가 낭비벽이 심한 여자는 아니잖아요."라고 이야기했다.

(1) 존재의 가치

이 경우, 여러 켤레의 부엌장갑 자체는 문제의 본질이 아니다. 그녀는 타인에게 낭비벽이 심한 사치하는 여자라는 인상을 심어주기가 싫은 것이다. 그렇다면 그녀가 정말로 두려워하는 것은 무엇인가? 어쩌면 자신이 타인에게 어떤 사람으로 비치느냐의 문제가 아닐까? 즉, 자신이 타인에게 가치 있는 존재로 여겨지느냐 아니면 가치 없는 존재로 여겨지느냐는 고민이 문제의 본질일 수 있다.

물건을 수집하고 저장하는 행위는 인생의 중요한 부분이다. 그래서 많은 사람이 풍족한 소유를 자기존중감 및 자기가치감과 긴밀하게 연결시킨다. 하지만 소유와 행복의 상관관계는 그렇게 단순하지 않다. 사례의 여자처럼, 물건이 많다고 반드시 행복한 것도 아니고 물건이 적다고 반드시 우울한 것도 아니기 때문이다. 우울한 상태에서는 물건을 분류하고 정리하는 능력에 지장이 생기므로, 물건이 많은 것이 도리어 불행감을 유발한다. 잡동사니로 뒤죽박죽이 된 생활공간을 통제하지 못하는 것은 자신이 무능하고 무가치한 존재임을 입증하는 증거일 뿐이다. 그녀는 집 안으로 타인을 초대할 수도 없고, 집 밖에서 타인과 어울릴 수도 없다. 사회적 고립감과 정서적 결핍감은 더 심해진다. 심지어 "선생님은 왜 저 같은 여자를 돕는 데 아까운 시간을 낭비하세요?"라고 힐난한다.

(2) 자기회의

주요우울장애를 겪고 있는 사람의 자기가치감과 자기존중감은 안정적으로 낮다. 이해 비해, 강박적 수집행동과 병리적 저장행동을 반복하는 사람은 자기가치감과 자기존중감에 대한 판단을 양가적ambivalent 혹은 불확실한 태도로 유보하는 것 같다. 왜냐하면 잡동사니로 엉망진창이 되어버린 공간 말고 다른 공간에서는 무능감이나 무가치감을 거의 느끼지 않는 것처럼 보이기 때문이다(Frost, Kyrios, McCarthy, & Matthews, 2007). 예컨대, 주거공간에서 느끼는 무능감과 무가치감을 업무공간에서는 느끼지 않을 수 있다. 산더미처럼 쌓인 물건을 대할 때는 무력감과 압도감을 느끼지만, 각각의 물건을 대할 때는 위협감보다 편안함을 느끼기도 한다.

주요우울장애를 겪고 있는 사람은 자신을 능력도 없고 매력도 없는 무가치한 존재라고 쉽게 선언해버리고 빨리 단정해버린다. 그러나 병리적으로 수집하고 저장하는 사람은 "과연 내가 가치 있는 존재인가?"라는 끝없는 의문을 품는다. 자기회의self-doubt다.

(3) 보상이론

끝없이 반복되는 자신에 대한 의문과 회의는 자기가치감과 관련된 결정적인 증거를 제시하라고 요구한다. 모순적이게도, 이것은 양가감정을 수용하고 불확실성을 감내하는 능력이 부족하기 때문이다. 불확실성을 못 견디는 사람이 오히려 자신의 가치에 대해서 불확실한 태도를 취한다니, 얼마나 역설적인가?

그래서 저장장애를 겪고 있는 사람에게는 명백한 증거, 눈으로 볼 수 있고 손으로 만질 수 있는tangible 물증이 필요하다. 가장 확실한 증거는 물질적 소유와 사회적 성공이다. 이것이 병리적 수집행동과 저장행동이 발생하는 또 다른 원인이고, 보상이론compensation theory의 핵심이다. 물건은 자기존중감을 향상시키고 긍정적인 자기상을 형성하는 데 상당한 도움을 준다.

그러나 자신의 존재가치를 사회적 지위와 성공을 통해 입증하려는 사람, 그리고 물질적 소유의 풍요와 빈곤 여부에 따라 자기가치감이 급격하게 변동되는 사람은 심리적인 문제를 겪을 수밖에 없다. 물건을 가져도 비난을 받고 물건을 안 가져도 비난을 받는, 진퇴양난의 딜레마 상황에 빠지는 것이다. ◆

3. 긍정적 경험의 추구

　인간이 필사적으로 회피하는 부정적 경험과 적극적으로 추구하는 긍정적 경험은 동전의 양면처럼 짝을 이루고 있다. 불쾌감의 회피라는 절박한 소망의 이면에는 유쾌감의 추구라는 간절한 열망이 존재한다(Follette & Pistorello, 2007). 예컨대, 불안감의 회피는 안전감의 추구와 짝을 이루고, 불완전감의 회피는 완전감의 추구와 쌍을 이룬다. 외상의 후유증으로 상실감과 무력감에 빠져있는 사람은 자신과 세상에 대한 유대감과 통제감을 얻으려고 하고, 죄책감과 무가치감이라는 감옥에 갇힌 사람은 완벽성과 가치감을 획득하는 탈옥을 꿈꾼다.

　그러므로 부정적 경험의 회피라는 관점에서 지금까지 설명한 저장장애의 병인론은 긍정적 경험의 추구라는 측면에서 동일하게 반복될 수 있다. 같은 동전의 다른 측면을 바라보면 되는 것이다. 따라서 이번 절에서는 유대감, 통제감, 창의성, 잠

재력, 정체감의 추구 및 성격의 발현을 중심으로 저장장애의
발생과 지속에 기여하는 몇 가지 요인을 더 살펴보려고 한다.
저장장애를 겪고 있는 사람은 어떤 심리적 경험을 추구하는
지, 그리고 그 결과는 어떠한지 상세히 논의하겠다.

1) 유대감의 추구

대상관계 발달이론에 따르면, 자폐기와 공생기를 통과한
유아는 분리-개별화separation-individuation 단계에 진입한다. 이 시
기의 발달과업은 과거에 전적으로 의존했던 엄마로부터 물리
적 및 심리적으로 독립하여 개별적인 존재로 거듭나는 것이
다. 분리-개별화에 성공하면 제2의 탄생이라고 부르는 심리적
탄생psychological birth이 이루어지는데, 유아의 처지에서 이것은
지극히 어려운 발달과업이다. 따라서 건강한 의존이 없으면
건강한 독립이 잉태될 수 없다(Mahler, 1972).

(1) 전이대상

독립성과 자율성을 획득하기 위해 분투하고 있는 유아에게
는 엄마와 분리된 위협상황에서 엄마를 대신하여 위로와 안식
을 제공해주는 안정된 대상이 절실하다. 이때 유아가 집착하
는 물리적 대상을 전이대상transitional object이라고 부른다. 예컨

대, 부드러운 담요나 오래된 인형과 같은 촉감이 좋은 물건이 전형적인 전이대상이다. 비록 물건이 엄마를 온전히 대체할 수는 없지만, 물건은 잠시나마 유아를 달래주는 소중한 존재가 되곤 한다(Winnicott, 1953). 이것도 저장장애를 겪고 있는 사람이 정서적으로 위안을 주는 물건에 집착하는 하나의 이유다.

(2) 믿을 구석

건강한 유아는 만 3세경에 대상항상성을 획득한다. 엄마가 눈앞에서 사라져도 크게 동요되지 않으며, 어딘가에 엄마가 있을 것이라고 예상하고 엄마의 복귀를 차분하게 기다린다. 엄마에 대한 분열된 시각을 완전한 대상으로 통합시켜서 내재화했으므로, 비록 엄마가 없더라도 마음속에 내재화된 엄마의 이미지를 통해서 정서적 위안을 얻을 수 있기 때문이다.

공포관리이론에서 언급한 종교적 신앙도 이와 유사하게 기능한다. 기독신앙을 지니고 있는 사람이 "사망의 음침한 골짜기로 다닐지라도 해를 두려워하지 않는 것은 주께서 나와 함께하시기" 때문이다. 내재화된 하나님의 현존이 고통을 감내하고 역경을 극복할 수 있는 심리적 역량을 제공하는 것이다. 든든하게 믿는 구석이 있을 때는 고통을 견디기가 훨씬 수월해진다.

그러나 저장장애를 겪고 있는 사람은 분리-개별화 과정에서 치명적인 상처를 경험했기 때문에 사람이 아닌 물건을 통해서 위로와 안식을 추구하는 것 같다. 사람은 든든하지 않지만 물건은 든든하다. 그들은 성인이 되어서도 정상적인 방법으로 타인과 친밀한 관계를 형성하지 못하며, 자신의 욕구를 충족시키는 사람보다 결핍시키는 사람에게 묘하게 이끌리는 병리적 관계를 전전한다. 따라서 사람에 비해 상대적으로 예측이 가능하고 통제가 용이한 물건에 강박적으로 집착하는 것으로 추측된다.

(3) 정서적 애착

볼비(Bowlby, 1969)는 유아에게 주어진 일차적 발달과업은 부모와 공고한 애착을 형성하는 것이라고 제안했다. 애착은 정서적 유대감이고, 애착대상은 정서를 조절할 수 있도록 도와주는 존재다. 안정적인 애착은 부모와 끈끈하게 연결되어 있다는 유대감, 세상이 예측가능하다는 안전감, 자신이 유능한 존재라는 통제감을 제공한다. 더 나아가서, 안정적인 애착은 안전기지로 작동하여 유아가 넓은 세상을 마음껏 탐색하도록 이끄는 원동력이 된다.

그러나 불안정한 애착을 형성한 유아는 강렬한 감정을 조절하지 못해서 지나치게 의존을 갈구하거나, 거절당할 것이라는 공포에 휩싸여서 과도하게 압도되거나, 세상에 대한 불신에 사로잡혀서 경계심을 누그러뜨리지 못하는 병리적 상태에 놓이게 된다. 불안정한 애착은 부모가 물리적 및 심리적으로 가용하지 않은unavailable 경우에 발생한다. 부모가 변덕스럽거나 혹은 비일관적인 모습을 보일 때, 그리고 부모가 정서적으로 둔감해서 유아의 당면한 욕구에 시의적절하게 조율된 반응을 제공하지 못할 때 불안정한 애착이 형성된다. 불안정한 애착은 발달적 취약성으로 작용하면서 두고두고 병리적 행동을 초래하고 인간관계의 결핍을 유도한다.

심리도식치료schema therapy에 따르면, 생애 초기에 타인에게 안정적으로 애착하고 싶은 기본적 욕구를 충족시키지 못한 사람은 불신, 유기, 결핍, 결함, 고립 등의 부적응적 도식을 지니고 살아가게 된다(Young, Klosko, & Weishaar, 2003). 이것은 저장장애를 겪고 있는 사람의 대인관계 패턴과 상당히 유사하다.

불안정한 애착을 형성한 유아의 입장에서는 부모보다 물건이 더 믿을 만할 것이다. 물건은 필요할 때 언제든지 가용할 뿐만 아니라, 자신이 간절히 염원하는 돌봄과 안식을 안정적으로 제공하기 때문이다. 이런 까닭으로 사람이 아닌 물건에 강력한 정서적 애착을 형성하게 된다. 사람은 변덕스럽지만 물건은 그렇지 않으며, 아무래도 사람보다는 물건이 대하기도 쉽고 다루기도 쉽다.

(4) 회상과 회복

어떤 책(Frost & Steketee, 2010)에 실린 사례에서, 가족과 오래 떨어져서 방방곡곡을 여행했던 아빠가 들려준 이야기에 매혹된 30대 여성이 있었다. 그녀는 사춘기 시절부터 신문과 잡지의 여행기사를 수집하기 시작했다. 여행기사는 아빠와의 정서적 애착을 표상하는 상징적 대상이므로 절대로 버릴 수 없었다. 그러나 여행과 관련된 주제로 대화할 때를 제외하면 아빠는 차갑고 거리감이 느껴지는 사람이었다. 그녀는 아빠와 안정적인 애착을 형성하지 못했던 것이다.

그녀의 입장에서, 따뜻하고 긴밀하게 소통하고 싶은 아빠와의 연결고리는 오직 여행기사뿐이었다. 언젠가 아빠가 여행을 마친 기념으로 그녀에게 선물을 준 적이 있었다. 상징적 대상이 추가되었다. 그녀는 기념선물을 여행기사와 함께 상자에 담아 귀중히 보관해두었다. 여행기사와 기념선물은 그리운 아빠를 추억하는 유일한 회상물reminder이었다. 어느 날 그것을 꺼내보려고 했지만 찾을 수 없었다. 아빠가 몰래 버렸던 것이다. 그녀는 온 동네를 미친 듯이 뒤졌지만 찾지 못했다. 가슴이 미어지도록 상처를 받았고, 밤을 새워 울었다.

그녀처럼 저장장애를 겪고 있는 사람은 이미 단절된 정서적 관계를 회상하면서 가능하면 회복하기를 염원한다. 특히 아버지와의 관계회복을 갈망하는 경향이 강하다. 그녀는 엄마하고는 거의 밀착 혹은 융합이라고 표현할 수 있을 만큼 극단적으로 가까운 사이였다. 일정한 거리와 경계를 확보하지 못하는 밀착과 융합도 병리적인 집착의 표식이다. 그녀에게는 엄마와 조금이라도 관련된 물건이라면 무조건 소중한 물건이 되어버렸다. 정말 조금이라도. 엄마가 돌아가신 뒤로는 집착이 더 심해졌다.

　침실은 깨끗하게 유지하고 있지만 어린 시절에 사용했던 작은 방을 잡동사니로 가득 채우고 있는 사람이 있다. 이것은 무언가를 상징한다. 그 방에는 이혼해서 만날 수 없었던 아버지의 유산과 아버지가 그녀에게 보냈던 용서를 청하는 편지들이 보관되어 있다. 또한 어렸을 때 돌아가신, 자기를 끔찍하게 사랑해주었던 외할머니와 연결되어 있는 모든 물건을 정성스럽게 간직하고 돌본다. 그렇게 하면 혹시라도 외할머니가 살아서 돌아오지 않을까 하는 유아적 소망을 품고 있는 것이다. 회복하고 싶은 관계는 현실적인 관계이기도 하지만 상징적인 관계이기도 하다.

(5) 상실과 단절

　저장장애를 겪고 있는 사람의 입장에서, 그리운 아빠와 엄마를 떠올리게 하는 정서적 회상물을 상실하는 것은 영원한 단절, 즉 죽음과 유사한 고통을 유발한다. 회상물이 자신의 일부이자 분신처럼 느껴지기 때문이다. 애착하는 물건을 상실하는 것은 사랑하는 사람을 상실하는 것일 뿐만 아니라 자기 자신을 상실하는 것이다. 또한 집착하는 물건을 버리는 것은 사랑하는 사람과의 관계를 스스로 단절하는 것일 뿐만 아니라 자기 자신과의 관계마저 스스로 단절하는 것이다. 이것이 죽어도 버리지 못하는 중요한 이유다.

어떤 경우는 물건을 의인화personify하여 사람처럼 친근하게 호칭하기도 한다. 새로 구입한 가방을 '사랑하는 우리 아기'라고 부르고, 인켈 오디오를 '음악친구 인순이'라고 부르며, 오래된 자동차를 탈 때는 "가자, 치타!"라고 외친다. 의인화 행동 역시 그들이 사람이 아닌 물건과 모종의 관계를 맺고 있다는 것을 보여주는 중요한 단서다. 우스갯소리로, 머리가 벗겨진 남성은 머리카락 한 올 한 올에 이름을 붙이고 번호를 매겨서 보물처럼 관리한다고 하는데, 얼마나 소중하면 그렇게까지 애지중지할까 싶다.

물건을 버리면 그것과 연합되어 있는 사람과 경험까지 버리는 것만 같은 상실감과 단절감에 빠지는 현상 및 의인화 현상은 일반인에게서도 종종 비슷하게 관찰된다. 저장장애에서 문제가 되는 점은 지나치게 많은 물건에 그것도 너무 강렬한 정서적 의미가 부착된다는 점이다. 심지어 쓰레기까지도 그렇게 한다. 더 심각한 문제는 물건을 내버리거나 잃어버리면 자신도 함께 죽어버리고 싶다는 자살사고에 빠져드는 것이다.

이런 맥락에서, 소유collection는 관계connection다. 그것도 단순한 물리적 관계가 아니라 복잡한 심리적 관계다. 당신이라면 그런 친밀한 관계를 상징하는 소중한 물건을 아무런 미련 없이 버릴 수 있겠는가? 우연인지 모르겠지만, 두 영어 단어가 굉장히 닮았다.

2) 성격의 발현

정상적 수집의 특징을 묘사하면서 수집행동을 교제에 비유한 적이 있다. 수집가는, 마치 이성을 사귀듯이, 소유하고 싶은 물건을 탐색하고 수집하고 사냥하고 정리하고 감상하고 자랑하는 행위에 시간과 정성을 들이기 때문이다.

(1) 관계형성의 개인차

그런데 사람을 사귀는 방식에는 개인차가 있다. 정신분석가인 호나이(Horney, 1992)에 따르면, 친근하게 다가서는 사람이 있고연극성, 멀찌감치 물러나는 사람이 있고분열성, 갈팡질팡 고민하는 사람이 있다경계선. 타인을 통제하려는 사람이 있고강박성, 타인에게 의지하려는 사람이 있다의존성. 이러한 관계형성 방식의 개인차는 성격의 차이로 귀결된다.

프롬(Fromm, 1976)은 물건을 소유하고 획득하는 작업은 개인이 자신을 둘러싸고 있는 세상과 관계를 형성하는 한 가지 방식이라고 설명했다. 소유와 획득에 과도하게 몰두하는 사람은 물건을 수집하고 저장하는 방식으로 세상과 관계를 맺음으로써 안전감과 통제감을 경험하려고 노력한다는 것이다. 흥미로운 점은, 이들이 물건이 아닌 사람과 관계를 형성하는 방식은 사뭇 다르다는 점이다. 이들의 인간관계는 대부분 위축되거나 단절되어 있고, 때로는 지나치게 꼼꼼하며 계산적이다.

호나이와 프롬의 설명을 대입하면, 저장장애를 겪고 있는 사람이 인간과 관계형성하는 방식은 '멀찌감치 물러나는' 점을 고려할 때 분열적인 반면, 물건과 관계형성하는 방식은 '통제하려고 하는' 점에 주목할 때 강박적인 특징의 조합이라고 거칠게나마 이해할 수 있겠다.

(2) 항문기 성격

프롬이 묘사한 '자신을 둘러싸고 있는 세상과 관계를 형성하는 방식'을 정신분석이론에서는 성격character이라고 부른다. 구순기, 항문기, 남근기, 잠복기, 성기기로 이어지는 심리성적 발달단계를 거치는 과정에서 심각한 외상 혹은 과도한 충족을 경험하면, 거기에 고착되거나 나중에 그 단계로 퇴행하는 사태가 벌어진다. 그리고 고착 혹은 퇴행이 어떤 단계에서 발생했느냐에 따라서 각기 다른 고유한 성격특성이 출현한다. 구순기에 고착되면 수동적이고 의존적인 성격 혹은 논쟁적이고 공격적인 성격을 드러내고, 항문기에 고착되면 강박적인 성격 혹은 충동적인 성격을 드러내며, 남근기에 고착되면 연극적인 성격 혹은 공포증적인 성격을 드러낸다.

정신분석이론은 저장장애를 항문기 성격의 발현이라고 설명한다. 항문기 전기에 고착된 강박적 성격_{보유형, retentive}은 질서와 청결에 집착하는 경직성, 꼼꼼함, 완고함, 인색함이 특징이다. 항문기 후기에 고착된 충동적 성격_{축출형, expulsive}은 무질서, 충동성, 파괴성, 사치벽, 잔인함이 특징이다. 저장장애를 겪고 있는 사람이 물건의 수집과 보관에 집착하는 경직된 모습은 항문기 보유형과 비슷하고, 물건을 과도하고 충동적으로 구매하지만 정작 질서정연하게 정리하거나 효율적으로 활용하지 못하는 모습은 항문기 축출형과 비슷하다.

그런데 자기의 일부인 배설물을 보유하고 저장하는 것은 용납되지 않는 금지된 충동이다. 따라서 아동은 사회적으로 수용될 수 있는 대안을 모색한다. 이 과정에서 더러운 배설물 대신 깨끗한 물건을 보유하고 소유하려는 나름대로 합리적인 대안이 마련되고, 물건에 대한 강박적인 동시에 충동적인 집착이 형성되는 것으로 사료된다.

(3) 더러움과 깨끗함

물건에도 더러운 것이 있고 깨끗한 것이 있다. 저장장애를 지니고 있는 사람은 더러운 물건과 가급적 접촉하지 않으려고 한다. 이것은 오염에 대한 공포contamination fear와 연관된 강박장애에서도 관찰되는 증상이다. 예컨대, 더러운 물건은 절대로 접촉하면 안 되므로 담요나 이불로 덮어두어야 한다. 그래야 깨끗한 물건과 자신을 보호할 수 있기 때문이다.

이럴 수도 있다. 바닥 위에 있는 물건은 더럽고 가구 위에 있는 물건은 깨끗하다. 여기서 더러움과 깨끗함은 철저하게 주관적인 구분이다. 이어지는 논리로, 바닥에 있는 사람은 더러운 것이므로 함부로 만져서는 안 된다. 더러운 사람과 접촉하면 문제가 생긴다. 그래서 타인과 반갑게 악수할 수도 없고 사랑하는 자녀를 포옹할 수도 없다. 그렇게 하면 자신도 더러워지기 때문이다.

자기에 대해서도 어떤 날은 깨끗하고 어떤 날은 더럽다고 인식한다. 자신이 더러운 날에는 아무것도 만지면 안 된다. 그러나 역설적으로, 얼마간 더러워져야 일상생활을 꾸릴 수 있다. 더러운 물건을 만지지 않고서는 음식을 장만할 수도 없고 욕실을 청소할 수도 없기 때문이다. 이와 같은 청결성에 대한 주관적 인식은 잡동사니가 쌓이는 한 가지 원인이 될 수 있다. 저장장애를 겪고 있는 사람이 더럽다고 여기는 물건을 대부분의 사람은 정상적이라고 여긴다. 이들의 청결성에 대한 인식은 상당히 독특하다(Deacon & Maack, 2008).

3) 통제감의 추구

강박적인 보유형과 충동적인 축출형 모두 괄약근의 통제가 중시되고 배변훈련이 진행되는 항문기에 고착 혹은 퇴행되어 있다는 점은 이채롭다. 보유형을 변비에, 축출형을 설사에 비유하면 너무 저급할까? 이것은 앞에서 언급한 강박스펙트럼의 연속선을 구성하는 2가지 극단, 즉 강박성향 및 충동성향과 일맥상통한다.

(1) 통제의 압박

강박스펙트럼에 속하는 심리장애 중에서 서로 충돌하는 강박성향과 충동성향이 중첩되는 혼합성향을 반영하고 있는 대표적인 심리장애가 저장장애, 뚜렛장애, 발모증, 박피증, 병적 도박, 성도착장애다. 그런데 상충하는 2가지 특성이 동시에 존재하는 경우에는 감정을 통제하고 충동을 조절해야 할 필요성이 급격하게 증가할 수밖에 없다. 결과적으로, 저장장애는 '무엇이든 불편한 것이 있으면 반드시 통제해야 한다.'는 통제의 압박에 극심하게 시달리고 있는 상태라고 설명할 수 있다. 통제의 철학이 초래하는 역설적 결과에 대해서는 이미 잘 알고 있다.

혼합성향 심리장애의 공통점은 어떤 행동을 수행하고 싶은 충동이나 유혹에 저항하지만 결과적으로는 저항에 실패하여 문제행동을 반복한다는 것이다. 음성틱, 운동틱, 발모행동, 박피행동을 자발적으로 계속하고 싶은 사람이 도대체 어디에 있겠는가? 병적 도박행동과 성적 도착행동도 마찬가지다. 이것은 모두 통제하려고 하지만 뜻대로 통제할 수 없기 때문에 문제가 되는 증상이다. 또한 문제행동을 하지 않으려고 저항할 때는 긴장과 각성이 최고조에 달해서 고통스럽고, 문제행동을 일단 수행하고 난 뒤에는 강렬한 만족과 안도를 경험해서 편안해지는 이중적 속성도 주목할 필요가 있는 공통점이다.

(2) 저장장애의 이중성

저장장애를 겪고 있는 사람은 나중에 쓸모가 있을 것이라고 여기는 낡은 물건을 보관하면서는 유쾌한 감정을 경험하지만, 이내 더 낡아진 물건을 바라보면서는 불쾌한 감정을 경험한다. 이들은 물건을 잃어버리지 않고 보관하기를 원하지만 이유는 사뭇 다르다. 어떤 사람은 잠재적 기회를 추구하려는

목적으로 보관하고, 어떤 사람은 잠재적 고통을 회피하려는
목적으로 보관한다. 어쩔 수 없이 물건을 버려야 할 때도 이중
적인 반응을 보인다. 여전히 쓸모가 있는 물건을 버리라고 강
요하니까 타인에게 분노감을 경험하기도 하고, 여전히 쓸모가
있는 물건을 낭비한다고 생각하니까 자신에게 죄책감을 경험
하기도 한다.

마치 예민한 더듬이를 지니고 있는 곤충처럼, 위험회피와
연관된 단서 및 흥분추구와 연관된 단서를 동시에 포착하는
것이다. 어떤 대상이 천적인지 먹이인지 명료하게 구분할 수
없는 상황이 계속 펼쳐진다고 상상해보라. 아마도 접근하려는
충동과 회피하려는 충동 사이에서 갈등이 벌어질 것이고, 정
서적으로 끊임없이 긴장되고 동요될 것이며, 결과적으로 행동
과 의사결정은 몹시 우유부단해질 것이다. 저장장애를 겪고
있는 사람의 입장에서, 모든 물건은 양면성을 지니고 있다. 물
건은 그들을 편안하게 해주는 것이면서 동시에 고통스럽게 만
드는 오묘한 것이다.

(3) 선천적 기질

저장장애에서 관찰되는 이중성을 최근에 주목받고 있는 생
물학적 기질temperament에 관한 연구와 접목하면, '저장장애는
선천적으로 강한 위험회피 기질 및 강한 자극추구 기질을 가

지고 태어난 사람에게서 발생할 가능성이 높은 심리장애가 아닐까?'라는 이론적인 가설을 품게 된다(유성진, 권석만, 2009; Cloninger, 2004).

자극추구는 행동을 시작하게 만드는 힘이고 위험회피는 행동을 중단하게 만드는 힘이다. 따라서 자극추구가 강하고 위험회피가 약한 조합, 자극추구가 약하고 위험회피가 강한 조합은 논리적으로 이해하기가 쉽다. 그러나 자극추구 기질과 위험회피 기질이 동시에 강한 조합은 직관적으로 상상하기가 어렵다. 저장장애의 생물학적 취약성으로 작동하는 선천적 기질에 관한 가설을 추후에 경험적 연구를 통해 검증해보고 싶은 호기심이 발동한다.

(4) 완벽한 통제

이중성과 양면성이 유발하는 충돌을 해결하는 한 가지 방법은 완벽하게 통제하는 것이다. 예컨대, 저장장애를 겪고 있는 사람은 완전한 확신이 있어야 물건을 버릴 수 있다. 물건이 더 이상은 전혀 쓸모가 없다는 믿음, 앞으로는 결코 필요가 없다는 판단이 필요하다. 그렇게 해야 몇 가지 물건을 어렵사리 버릴 수 있다. 그러나 완벽한 결론에 도달하기 위해서 거쳐야 하는 의사결정 단계가 지나치게 복잡하기 때문에 문제가 된다. 정보처리 속도가 느려지면서 꾸물거리고, 물건을 처분할 것인지 보관할 것인지 주저하고 망설이는 과정에서 신체적 및 심리적 에너지가 고갈되기 때문이다.

어떤 사람은 잡지를 구입하면 외관을 꼼꼼하게 살펴서 사소한 결함까지 찾아낸다. 그의 눈에는 점원의 지문이나 표지의 주름까지 잘 보인다. 주의를 기울여 살펴보기 때문에 미세한 결함마저 부각되는 선택적 주의selective attention 기제가 작동하기 때문이다. 그러면 더 불편해진다. 다른 사람의 손을 타지 않은 완전한 상태로 간직하기 위해서 잡지를 통째로 복사해서 별도로 보관한다. 아예 2권의 잡지를 사서 한 권은 읽고 다른 한 권은 완전한 상태로 보관하기도 한다. 이후에는 잡지를 2권씩 사는 데 집착한다. 나중에는 인쇄소에서 곧바로 배송된 잡지를 구하는 데 혈안이 된다. 더 나아가면, '3의 법칙'을 적용하기 시작한다. 샌드위치처럼 위쪽과 아래쪽의 잡지는 버리고 중간에 있는 잡지만 골라서 빼내는 것이다. 그래야 완전한 상태를 유지할 수 있기 때문이다.

이렇게 완벽한 통제감을 추구하는 비효율적 의사결정 및 정보처리 과정에 비하면 새로운 물건이 유입되는 속도와 비율은 상상을 초월할 정도로 빠르다. 그래서 잡동사니가 엉망진창으로 쌓인다. 예컨대, 오늘 배달된 신문을 다 읽기도 전에 내일의 신문이 또 배달된다. 완벽하게 통제하려고 애쓰다가 전혀 통제하지 못하는 역설적 상태를 맞이하게 되는 것이다.

사람이고 물건이고, 아무것도 뜻대로 되는 것이 없다.

(5) 어깃장 심리

결과적으로, "왜 너희들이 이래라저래라 말이 많아? 내 물건이고, 내 인생인데." "아무도 나한테 요구할 수 없어. 전부 내 마음대로 할 거야." "누구도 나한테 명령할 수 없어. 간섭하지 마!" "제발 좀 가만히 내버려 둬!"와 같은 어깃장 심리가 발동한다. 더 나아가면, "선생님! 오늘부터 심리치료도 받지 않을 거예요." "누가 당신한테 그런 권한을 준 거죠?"라고 비난하면서 갑작스럽게 심리치료의 종결을 통보한다.

저장장애를 겪고 있는 사람의 입장에서는 타인이 자신에게 요구하는 것과 정반대로 행동하는 것이 문제를 해결하는 방법이라고 생각할 것이다. 자율성을 훼손하지 않고 통제감을 확보할 수 있기 때문이다. 특히 가족이나 이웃과 같은 제3자가 개입되어 있을 때 그렇다. 하지만 안타깝게도, 이런 방법으로는 통제불능 상태에 빠져드는 모순 자체를 해결할 수 없다.

사막을 건너가다 모래 늪에 빠졌을 때, 거기서 벗어나려고 몸부림치는 의도는 충분히 이해할 수 있다. 그러나 몸부림칠수록 모래 늪에 더 깊이 빠져들게 되고 벗어나지 못하게 된다는 사실도 겸허히 수용해야 한다. 통제의 역설이다.

4) 창의성의 추구

모든 물건에는 제각각 쓸모가 있다. 솔직히 말해서, 없는 것
보다는 있는 것이 더 낫다. 그러나 '없으면 나쁜 물건'과 '있으
면 좋은 물건'을 지혜롭게 변별하지 못하면 저장장애를 감수
해야 한다.

(1) 과도한 창의성

때때로 저장장애를 겪고 있는 사람에게는 특별한 능력이
있는 것처럼 보인다. 그들에게는 모든 물건이 귀중하고 세세
하다. 예컨대, 일반적인 사람은 여성잡지의 표지가 어떤 색깔
이고 어떤 색조를 띠고 있는지 인식하지 못하지만 그들은 그
렇지 않다. 주의를 집중해서 천천히 들여다보면 특정한 색채
가 선사하는 위로와 흥분을 경험할 수 있는데, 이런 경지에 도
달하면 여성잡지가 지닌 의미와 가치는 무한대로 확장된다.

저장장애를 겪고 있는 사람의 물리적 세계는 일반적인 사
람의 그것과 사뭇 다르다. 그들의 세계가 더 포괄적이고 확장
적이다. 우리에게는 무가치하게 보이는 물건이 그들에게는 형
언할 수 없는 가치와 정보와 효용과 기회를 내포하고 있는 소
중한 물건으로 간주되는 까닭이 바로 이것이다. 그들은 종종
과도한 창의성over-creativity을 발휘한다.

저장장애를 겪고 있는 사람은 물건의 용도와 쓸모를 일반적인 사람보다 더 많이 떠올린다. 예컨대, 우리는 두루마리 화장지를 끝까지 사용하면 화장지 심을 아무렇지도 않게 쓰레기통에 버린다. 더 이상 쓸모가 없기 때문이다. 그러나 저장장애를 겪고 있는 사람의 번뜩이는 눈에는 화장지 심이 욕실의 칫솔꽂이로 활용될 수도 있고, 자녀의 빌딩블록으로 사용될 수도 있다. 그뿐인가? 화장지 심은 망원경처럼 아이가 가지고 놀 수도 있는 물건이고, 햄스터에게 쳇바퀴를 만들어 줄 수도 있는 물건이다. 이렇게 과도한 창의성을 발휘하기 시작하면 어떤 물건도 허투루 내버릴 수 없게 된다.

(2) 창의적 도전자

이들은 물건의 활용방안을 찾아내는 데 혼신을 힘을 기울여서 나름의 쓸모와 용도를 발견하고, 때로는 스스로 부여한다. 예컨대, 부서진 물건 조각을 보면 "어딘가에 이것과 짝이 맞는 조각을 지니고 있는 사람이 있을 것이다." "어딘가에 반드시 이 조각을 필요로 하는 사람이 있을 것이다."라고 생각하며 간직한다. 일반적인 사람에게는 그것이 부서진 물건 조각을 보관해야 하는 충분한 이유가 되지 못함에도 불구하고, 저장장애를 겪고 있는 사람에게는 이미 충분한 이유가 되고도 남는다.

이들은 물건에 적합한 용도와 짝꿍을 찾아내는 것을 일종의 도전이나 모험으로 여기고 상당히 즐거워한다. 자신을 창의적 도전자creative challenger라고 정의하는 것이다. "대부분의 사람들은 물건을 함부로 버리는데, 저는 절대로 그렇게 하지 않아요."라고 이야기할 때는 자신을 대견하게 여기면서 자랑스러워하는 것처럼 보인다. 그러나 문제는 저장행동 때문에 치르는 톡톡한 대가를 전혀 고려하지 못한다는 것이다.

5) 잠재력의 추구

기회의 절도행동을 설명하면서 묘사한 것처럼, 인생의 기회는 강물처럼 속절없이 흘러간다. 저장장애를 겪고 있는 사람은 자신에게 찾아온 기회를 잡지 않는 것은 하늘이 내려주신 절호의 기회를 아깝게 놓치거나 어리석게 팽개치는 것이라고 생각한다. 그러므로 잠재적 기회는 절대로 놓치지 말아야 하고, 자신에게 흘러들어온 물건은 절대로 흘러나가지 못하게 막아야 한다. 기회를 포기하는 것은 물건은 물론이거니와 자신이 지니고 있는 잠재력을 포기하는 것과 다름이 없기 때문이다.

(1) 기회심리

기회심리를 한 마디로 표현하면 "놓치지 않을 거예요."가 될 것이다. 기회심리를 자극하는 메시지는 미모의 영화배우 탕웨이가 출연하는 화장품 광고를 비롯해서 여러 홈쇼핑 채널에서 교묘하게 활용되고 있다. 예컨대, 쇼호스트는 생방송 중에만 특별한 서비스와 사은품을 덤으로 제공한다고 유혹한다. 방송 분량이 10분밖에 남지 않았으니 혹은 재고 물량이 100개밖에 남지 않았으니, 놓치기 전에 얼른 기회를 잡으라고 재촉한다.

소비와 소유를 부추기는 상업주의와 물질주의의 선전선동인 셈인데, 저장장애를 겪고 있는 사람은 여기에 쉽게 현혹된다. 예컨대, 신문가판대를 지나치다가 "저기 어딘가에 내 삶을 변화시킬 만한 멋진 정보가 있을지 모른다. 그러면 나는 내가 간절히 바라는 멋진 사람이 될 수 있을 것이다. 그런데 어떻게 그런 소중한 기회를 그냥 지나쳐버릴 수 있는가?"라고 자문하면서 발걸음을 멈춘다. 저녁 무렵에 하루를 반성해보면 오늘 안타깝게 놓쳐버린 숱한 기회들이 눈앞에 아른거리기도 한다. 몹시 속상할 것이다.

(2) 잠재적 기회

여기에 물건의 쓸모를 기막히게 발견하고 부여하는 재주인

과도한 창의성이 덧붙여지면 어떤 물건도 버릴 수 없는 상태가 초래된다. 예컨대, 자기 집 혹은 남의 집 정원에 어지럽게 뒹굴고 있는 찌그러진 양동이, 부러진 모종삽, 망가진 원예카트, 부서진 잔디 깎는 기계는 여전히 쓸모 있는 물건이다. 이런 식으로 공짜 물건을 수집하다가 가끔 괜찮은 물건을 발견하면 마치 보물을 얻거나 광맥을 찾은 것처럼 열광하고 환호한다. 간헐적 강화의 무서운 힘이다.

그렇게 획득한 잠재적 기회는 절대로 버릴 수가 없다. 신문을 저장하고 있다는 것은 신문에 접근할 수 있는 기회가 여전히 잠재한다는 뜻이다. 아울러 읽는 행위 자체보다는 언젠가 읽을 기회가 있을 것이라고 생각하거나 그것을 읽고 있는 멋진 자신의 모습을 상상하기 때문에 강박적으로 신문, 잡지, 서적을 수집하고 보관한다. 기회를 획득하고 보관하는 것이다. 그러나 강박적 수집과 보관의 실질적 결과는 죄책감과 우울감을 불러일으키는 잡동사니가 하나 더 추가되는 것뿐이다. 읽을 것이 넘쳐나서 어떤 것도 읽을 수 없기 때문이다. 기회를 추구하다가 기회를 잃어버리는 역설이다.

기회심리가 저장장애의 원인인 경우, 기회를 얻는 것에 대한 보상보다 기회를 잃는 것에 대한 공포가 더 강력한 동기라는 점을 유념해야 한다. 저장장애를 겪고 있는 사람은 이득보다 손실을 과대평가한다. 그러므로 기회를 얻어서 누리는 잠

재적 이득과 손해 및 기회를 잃어서 치르는 잠재적 손해와 이
득을 객관적으로 대비시키는 치료기법을 구사하면 도움이 된
다. 이것을 손해-이득 분석cost-benefit analysis이라고 부른다.

(3) 잠재적 정보

저장장애를 지니고 있는 사람이 가장 흔히 수집하고 보관
하는 물건은 신문과 잡지다. 신문과 잡지는 세상을 바라보고
타인과 소통하는 유익한 수단이다. 우리는 신문과 잡지를 통
해서 지금까지 전혀 접하지 못했거나 거의 접할 수 없었던 새
롭고 신기한 세상과 희한한 사람을 만나고, 갖가지 정보를 효
율적으로 습득한다. 특히 감수성과 호기심이 투철한 청소년기
에는 자기에 대한 관심을 넘어서 새로운 사람과 세상에 대한
동경이 샘솟으면서 신문과 잡지가 제공하는 진귀한 정보에 탐
닉하게 된다.

기회심리가 "놓치지 않을 거예요."로 요약된다면, 정보탐닉
은 "모든 것을 알고 싶어요."로 축약된다. 대체로 신문, 잡지,
서적, 자료, 논문 등을 강박적으로 수집하고 보관하는 저장장
애를 겪고 있는 사람은 지식부자wealth of knowledge를 꿈꾼다. 그
래서 별로 대단한 내용을 담고 있지 않은 신문과 잡지마저도
그에게는 알차고 값진 잠재적 정보로 가득한 물건이 된다. 세
상의 모든 것을 배우고 싶고 제대로 알고 싶은 사람의 시선으

로 보면, 세상에는 배워야 할 지식과 알아야 할 정보가 넘친
다. 예컨대, 신문과 잡지에는 지구촌 곳곳에서 벌어지는 각종
사건에 대한 뉴스, 한없이 동경하는 유럽과 아프리카 여행에
관한 정보, 최고급 셰프가 운영하는 미슐랭 레스토랑에서 제
공하는 요리에 관한 정보, 남성은 속속들이 알지 못하는 여성
의 은밀한 성생활에 대한 정보, 꿈에서도 갈망하지만 현실적
으로는 소유할 수 없는 수퍼카에 대한 정보, 매스컴에 오르내
리는 유명인사들이 즐기는 호화로운 취미와 취향에 대한 정보
등이 가득하다.

신문과 잡지를 탐독해서 정말로 지식부자 혹은 잡학박사가
된다면 무슨 문제가 있겠는가? 그러나 저장장애를 겪고 있는
사람은 신문과 잡지를 독파하는 현실적 행위보다는 일단 수집
하고 보관하는 상징적 행위에 헛된 시간을 바친다. 본말이 전
도되는 기현상이다. 그들은 "언젠가 시간을 내서 꼭 읽을 거
야. 일단 철저하게 모아두고 나중에 제대로 읽어보자.""지금
은 시간이 없어서 못 읽는 것뿐이야. 여유가 생기면 꼼꼼히 읽
고 모조리 외울 거야."라는 이유로 변명하면서 자신의 행동을
합리화하고 정당화한다. 이상적으로는 지식부자를 꿈꾸지만
현실적으로는 정보중독addiction to information 상태로 추락한다.

(4) 정보중독

저장증상을 일종의 중독행동으로 이해하는 시각도 있다. 도박중독과 약물중독의 경우처럼 쇼핑중독과 정보중독에 빠진 사람이 저장장애다. 물건을 수집하고 구매하고 획득하고 저장하는 행동은 강렬한 흥분감과 짜릿한 유쾌감을 선사한다. 인터넷쇼핑몰에서 구입한 물건이 배송되기를 손꼽아 기다리는 심정을 모르는 사람은 아마 없을 것이다. 오매불망하고 학수고대한다. 이것은 마치 알코올이나 니코틴과 같은 물질에 중독되는 기제와 유사하다. 과거에는 공식적인 진단분류체계에 포함되지 않았지만, DSM-5(APA, 2013)부터 행동중독 behavioral addiction이라는 진단범주가 마련되었다.

알코올, 코카인, 헤로인 같은 약물은 뇌의 보상시스템에 영향을 미친다. 코카인은 신경전달물질이 시냅스에서 빠져나가는 것을 막고, 헤로인은 쾌락의 홍수상태를 유발하며, 도파민은 쾌락중추를 자극해서 흥분과 각성을 유도할 뿐만 아니라 정상적인 판단기능과 기억기능을 방해한다. 따라서 약물의 유혹에 저항하기가 더 어려워진다.

속된 말로 "지름신이 강림하셨다." "눈에 보이는 게 없다." 고 표현하듯이, 강박적 구매행동과 과도한 획득행동은 마치 약물에 중독된 상태처럼 모든 시름과 고통을 잠시나마 잊게 만들고 장기적인 결과를 고려하지 못하게 만든다. 그 결과, 갈

망craving하는 물건이 눈에 띄면 일단 지르고 보는 무모한 행동
에 빠져든다. 정보중독 상태에 있는 사람도 이와 유사한 패턴
을 보인다. 무엇에 홀린 듯이 잠재적 정보를 품고 있는 신문과
잡지를 일단 움켜쥐고 보는 것이다.

6) 정체감의 추구

저장장애를 겪고 있는 사람은 자기를 자신의 행동으로 정
의하지 않고 자신의 소유로 정의한다. 그들이 소유하고 있는
물건은 자기의 분신이자 자기정체감identity이다.

물질주의적 견해를 지니고 있는 사람도 소유를 통해 자기
존중감을 고양하고 자기정체감을 확장한다. 이들에게 소유는
자신이 성공한 사람이고 유복한 사람이라는 공적public 자기정
체감을 과시하는 수단이다. 그러나 저장장애를 겪고 있는 사
람은 자신의 소유를 타인에게 보여주려고 하지 않는다. 그들
이 물건을 저장하는 까닭은 사적private 정체감과 연관되어 있
다. 그들이 집착하는 물건은 자신의 역사와 존재를 담고 있는
물건이고, 더 나아가서 개인적 소망과 이상적 비전을 품고 있
는 물건이다. 따라서 "이 물건은 나의 일부다." "이 물건이 없
으면 나는 아무것도 아니다."라고 생각하는 것이다.

(1) 정체감의 근원

우리는 정기적으로 사용하는 물건은 보관하고 사용하지 않는 물건은 처분한다. 우리는 물건을 소유하면서 만족감을 느끼는 것이 아니라 물건을 사용하면서 만족감을 느낀다. 물건의 본질적인 가치는 활용성에서 비롯되기 때문이다. 그러나 저장장애를 겪고 있는 사람은 전혀 사용하지 않는 물건까지 보관한다. 그들에게 정적 강화를 제공하는 것은 물건을 사용하는 행위가 아니라 물건을 소유하고 있다는 생각 그 자체다.

(2) 소유-정체감 융합

강박장애를 갖고 있는 사람은 생각하는 것과 행동하는 것이 동등하다는 믿음인 사고-행동 융합thought-action fusion 때문에 고통을 겪는다. 사고-행동 융합에는 비윤리적인 생각을 품으면 그런 행동을 실행할 확률이 더 높아진다는 가능성 융합, 부도덕한 생각을 품은 것은 이미 그런 행동을 실행한 것과 다름이 없다는 도덕성 융합이 있다. 예컨대, 여인을 보고 음란한 생각을 품으면 간음할 가능성이 높아진다고 여기고, 여인을 보고 음란한 생각을 품은 것은 이미 간음한 것이나 마찬가지라고 여기는 것이다. 비유컨대, 구체적 행동이 아니라 추상적 사고를 정죄하고 처벌하는 강박장애의 '국가보안법'인 셈이다(Salkovskis, Shafran, Rachman, & Freeston, 1999).

저장장애를 겪고 있는 사람은 소유와 정체감을 구분하지 못하는 소유–정체감 융합possession-identity fusion 때문에 고통을 겪는다. 예컨대, 책을 소유하고 있는 것은 이미 책을 읽은 것과 다름이 없고, 옷을 보유하고 있는 것은 이미 옷을 입은 것과 마찬가지라고 여기는 것이다. 그들에게는 물건의 잠재적 활용성도 중요하지만, 자신이 물건의 소유권자라는 정체감이 더 중요하다. 그래서 300권이 넘는 요리책을 수집하고, 신문과 잡지의 요리섹션에서 희귀한 레시피를 수도 없이 오려낸다. 그러나 한 번도 요리를 해본 적은 없다. 부엌이 잡동사니로 꽉 차 있어서 가스레인지를 사용할 수 없기 때문이다.

저장장애를 겪고 있는 사람은 요리책과 레시피를 소유하고 있는 것만으로도 요리박사라는 이상적 자기ideal self의 이미지를 얼마든지 즐길 수 있고, 요리사로서의 자기정체감을 잠재적으로 확보할 수 있다. 이들이 생각하기에 자신은 수많은 레시피를 보유하고 있는 훌륭한 요리사이고, 엄청난 분량의 신문과 잡지를 소장하고 있는 교양이 넘치는 사람이며, 정보와 역사의 훼손을 막는 일에 앞장서는 책임감 있는 시민이다.

저장장애를 겪고 있는 사람이 버리지 못하고 쌓아두는 물건은 그들의 현실이 아니라 이상을 표상한다. 즉, 그들이 소유하고 있는 물건은 자신의 꿈이다. 따라서 물건을 버리는 것은 자기의 꿈과 이상을 포기하는 것이나 다름이 없다. 절대로 버리지 못하는 또 하나의 이유다.

(3) 자기상의 변질

신문과 잡지를 강박적으로 수집하면서 처음에 품었던 읽어보려는 동기는 점차로 그것을 보관하려는 동기로 변경된다. 이 과정에서 저장장애를 겪고 있는 사람의 자기상self-image도 자연스럽게 독자에서 소유권자로 변질된다. 신문이나 잡지와 함께 보낸 세월이 길수록 신문이나 잡지를 자신의 일부로 동일시하는 경향도 강하다. 다른 물건도 마찬가지다. 저장장애를 겪고 있는 사람은 자신을 수집하고 보관하며 지켜내는 존재라고 정의한다. 이들에게 신문과 잡지는 추억이 서려있는 일종의 타임캡슐이고, 자기는 정보와 역사의 훼손을 막아내는 책임감 있는 시민이다.

때로는 이런 사업을 본격적으로 추진해야 하는 책임자는 자신이 아니라 공공기관 혹은 정부조직이라고 주장하기도 한다. 그래서 국립도서관과 국회도서관에 방문한다. 방문의 목적은 마땅히 책임질 사람 혹은 기관이 맡겨진 사명을 제대로 감당하고 있는지 확인하고 점검하기 위해서다. 그러나 겉모습만 으리으리한 국립도서관에는 기껏해야 자신이 소장하고 있는 자료의 반의반도 안 되는 허접한 것들만 구비되어 있을 뿐이다. 이들의 눈에는 그곳의 수준이 너무 한심하고 실망스럽

3. 긍정적 경험의 추구 ✳ **145**

다. 그러므로 "아무도 제대로 수집하고 보관하지 않으니, 나라도 더 열심히 수집하고 보관해야겠구나!"라는 지극히 논리적인 결론을 도출한다.

신문과 잡지에 대한 강박적인 집착은 종종 다른 영역까지 확장된다. 예컨대, TV에서 방영되는 뉴스와 오락물을 철저하게 녹화한다. 그러나 그것을 보고 즐기는 것에는 관심이 없고, 오로지 수집하고 보관하는 것에만 관심이 있다. 나중에는 신문에 실린 프로그램 편성표를 살피면서 어떤 프로그램을 녹화할 것인지 치밀하게 계획하는 지경에 이른다. 결과는 잡동사니다.

(4) 자기상의 선택

저장장애를 겪고 있는 사람에게 가족이 공격적 혹은 위협적인 태도를 보이면 저장증상이 더 조심스럽고 비밀스럽게 나타난다. 이들은 흔히 타인이 집 안을 들여다보지 못하도록 창문을 두꺼운 종이로 막아버린다. 출구와 입구를 원천봉쇄하는 것이다. 그러면 집 안은 동굴과 비슷해지고, 햇빛이 전혀 들어오지 않으며, 화재의 위험과 환기의 문제가 발생한다. 그러나 정부기관은 사유재산을 함부로 침해할 권한이 없다. 기껏해야 불법건축물 혹은 불법개조물에 대한 관리가 가능할 뿐이다. 만약 제3자가 개입해서 잡동사니를 모두 치우면 "그들이 나의 명예를 더럽혔다." "그들이 나의 꿈을 짓밟았다." "자신들이 해야 할 일은 제대로 수행하지 않으면서 애꿎은 나를 괴롭힌다."면서 발끈하고 저항한다. 이런 경우, 저장장애를 겪고 있는 사람의 자기상은 소유물을 몰수당한 취약한 어린이와 비슷해진다.

만약 선택할 수 있다면, 자기정체감을 책임감 있는 시민이자 역사와 정보의 수호자로 정의할 것인가 아니면 몰수당한 취약한 어린이로 정의할 것인가? 대답은 자명하다. 신문과 잡지를 스스로 버리기로 결정하는 것은 그나마 괜찮지만, 타인이 강제로 버리라고 요구하는 것은 견디지 못한다. 통제할 수 있는 힘을 가지지 못한 취약한 자기상보다는 통제할 수 있는 힘을 지니고 있는 강력한 자기상이 더 매력적인 것은 당연하다.

7) 저장행동의 2가지 유형

최근에 박태홍(2015)은 저장장애의 발생 및 지속에 기여하는 원인을 변별적으로 이해하는 데 도움이 되는 주목할 만한 가설을 제시하고 경험적으로 검증하였다. 연구에 의하면, 저장행동은 서로 이질적인 2가지 유형으로 구분된다.

(1) 유형구분

제1유형 저장행동은 물건에 대한 정서적 애착 때문에 수집하고 보관하는 유형으로, 긍정적 정서를 경험하기 위해서 저장행동을 수행한다. 이때, 긍정적 정서의 경험은 저장행동을 정적으로 강화하여 저장행동의 지속에 기여한다. 제1유형 저장행동을 하는 사람은 물건을 획득할 때 흥분감과 충만감을 경험하고, 물건을 처분할 때 후회와 슬픔을 경험한다.

제2유형 저장행동은 물건을 상실하는 것에 대한 공포 때문에 수집하고 보관하는 유형으로, 부정적 정서를 회피하기 위해서 저장행동을 수행한다. 이때 부정적 정서의 회피는 저장행동을 부적으로 강화하여 저장행동의 지속에 기여한다. 제2유형 저장행동을 하는 사람은 물건을 획득할 때 불안감과 우울감이 감소되고, 물건을 처분할 때 불안과 공포를 경험한다.

제1유형 저장행동을 하는 집단과 제2유형 저장행동을 하는 집단을 비교했을 때, 제1유형 집단에서는 충동성과 감수성과 만족감의 평균 점수가 제2유형 집단보다 높았으며, 제2유형 집단에서는 처벌민감성과 불안민감성과 걱정행동의 평균 점수가 제1유형 집단보다 높았다.

◆ **저장행동의 2가지 유형**

	제1유형	제2유형
수행하는 기능	정서적 애착 긍정적 정서 유발	위험회피 부정적 정서 감소
유지되는 기제	정적 강화	부적 강화
획득과 연관된 감정	흥분, 충만의 경험	불안, 우울의 감소
처분과 연관된 감정	후회, 슬픔의 경험	불안, 공포의 경험
주요 특징	충동성 감수성 만족감	처벌민감성 불안민감성 걱정행동

(2) 강박성향과 충동성향

이 결과는 지금까지 저장장애의 발생과 지속에 기여하는 요인으로 나누어서 살펴본 '부정적 정서의 회피' 및 '긍정적 정서의 추구'라는 2가지 요소와 상당히 부합한다. 부정적 정서불안감, 불완전감, 외상경험, 죄책감, 무가치감의 회피와 상대적으로 더 밀접하게 관련된 저장행동이 제2유형 저장행동이고, 긍정적 정서유대감, 통제감, 창의성, 잠재력, 정체감의 추구와 상대적으로 더 밀접하게 관련된 저장행동이 제1유형 저장행동이다.

아울러 강박스펙트럼장애 및 항문기 성격에 관한 논의에서 도출된 상반된 특징인 강박성향보유형과 충동성향축출형의 충돌 문제도 박태홍(2015)의 유형 구분에 힘입어 비교적 명료하게 설명할 수 있다. 강박성향은 제2유형 저장행동과 더 관련이 있고, 충동성향은 제1유형 저장행동과 더 관련이 있을 것으로 사료된다. 지금까지는 저장장애를 강박스펙트럼의 혼합성향에 해당하는 것으로 이해했다면, 이제부터는 강박성향과 충동성향이 각각 상대적으로 더 강하게 작용하는 저장행동을 세밀하게 구분할 수 있을 것으로 기대된다.

(3) 저장장애와 강박장애

이 지점에서, 저장장애와 강박장애의 차이점을 한 번 더 환기하는 것이 좋겠다. 강박장애를 갖고 있는 사람은 부정적 감정을 회피하려는 목적으로 강박행동을 수행하지만, 저장장애를 겪고 있는 사람은 부정적 감정을 회피하려는 목적 및 긍정적 감정을 체험하려는 목적으로 저장행동을 수행한다. 즉, 저장행동은 부정적 감정을 회피하게 하는 부적 강화뿐만 아니라 긍정적 감정을 체험하게 하는 정적 강화까지도 제공한다(Frost & Steketee, 2010). 또한 강박장애는 반복행동을 중단하고 싶지만 중단하지 못해서 문제가 되는 자아이질적 장애인 반면, 저장장애는 반복행동을 중단하고 싶은 마음이 없어서 문제가 되는 자아동조적 장애라는 점도 중요한 차이점이다. ◆

4. 정보처리과정의 결함

저장장애를 겪고 있는 사람은 어떤 물건을 버릴 것인지 말 것인지 순조롭게 결정하지 못한다. 처분해야 할 물건과 보관해야 할 물건을 구분하지 못하고, 물건을 기증하거나 재활용하는 것이 손해인지 이득인지 신속하게 판단하지 못한다. 그들은 물건을 적당한 공간에 배치하거나 적절한 순서로 정리하지 못해서 잡동사니로 뒤죽박죽된 공간에서 무질서하게 생활한다. 물건의 유용성과 중요성을 따져서 버릴 것은 버리고 보관할 것은 보관해야 하는데, 그것이 몹시 어렵기 때문이다.

저장장애에서 관찰되는 이런 증상은 이번 장에서 살펴볼 정보처리과정의 결함 혹은 정보처리능력의 불신과 밀접한 관련이 있다(Woody, Kellrman-McFarlane, & Welsted, 2014). 특히 유목화의 결함, 의사결정의 문제, 기억력의 문제, 주의력의 문제를 중심으로 살펴보겠다.

1) 유목화의 결함

아파트 분양을 홍보하기 위해 지어놓은 모델하우스에 방문하면 기분이 좋아진다. 여행할 때 묵었던 고급호텔이나 콘도미니엄도 마찬가지다. 생활에 반드시 필요한 극소수의 물건이 넓고 쾌적한 공간에 가지런히 정돈되어 있기 때문이다. 이런 곳에 다녀온 뒤 집 안을 둘러보면 지저분하고 어수선해서 정나미가 떨어지기도 한다. 그러나 사례 1에서 소개한 것과 같은 저장장애를 겪고 있는 사람의 집을 살펴본 뒤라면, 자기가 살고 있는 집은 엄청나게 깔끔하고 지나치게 정돈되어 있는 것처럼 느낄 것이다.

(1) 유목화

일정한 규칙에 따라서 물건을 체계적으로 분류하는 작업을 유목화categorization 혹은 조직화organization라고 한다. 대부분의 사람은 물건을 특정한 범주로 분류하여 조직적으로 배치하는 능력을 그리 어렵지 않게 발휘한다. 예컨대, 우리는 주거공간을 부부의 침실, 자녀의 침실, 공동의 거실, 공동의 욕실로 구분한다. 그리고 속옷은 옷장 서랍에, 통조림은 부엌 찬장에, 영수증은 책상 서랍에 보관한다. 컴퓨터의 하드디스크는 문서폴더, 음악폴더, 동영상폴더 등으로 분류하며, 주고받은 이메

일도 발신메일함, 수신메일함, 중요메일함 등으로 구분한다. 그러나 저장장애를 겪고 있는 사람은 유목화 혹은 조직화 능력에 심각한 결함이 있다.

(2) 협소한 유목

저장장애를 겪고 있는 사람은 유목과 범주의 경계를 협소하게 정의하는 경향이 있다. 예컨대, 일반적인 사람이 '신발'이라는 유목을 정의할 때는 그 범주 안에 구두, 부츠, 샌들, 운동화, 슬리퍼 등을 모두 포함시킨다. 그러나 저장장애를 겪고 있는 사람은 구두 따로, 부츠 따로, 샌들 따로, 운동화 따로, 슬리퍼 따로 유목을 협소하게 정의한다.

더 나아가면, '구두'라는 유목도 색깔별, 소재별, 브랜드별, 뒷굽의 높이별로 더 협소하게 세분하여 정의한다. 그리고 각각의 유목에 해당하는 물건이 반드시 있어야 한다. 이렇게 지나치게 협소하게 정의된 유목별로 물건을 수집하고 저장하기 시작하면 물건의 개수는 엄청나게 많아질 수밖에 없다. 예컨대, 아내가 부츠를 사겠다고 남편에게 이야기하는 가상의 상황을 재현해보자.

아내: 여보, 겨울에 신고 다닐 부츠 하나 살게.

남편: 신발장에 부츠 있던데?

아내: 응. 그거는 검정색이고. 브라운색 부츠가 필요해.

남편: 브라운색 부츠도 있던데?

아내: 응. 그거는 지퍼가 달린 거고. 이번에는 지퍼가 없는
걸로 장만해야지.

남편: 지퍼가 없는 부츠도 있던데?

아내: 응. 그거는 소가죽으로 된 거고. 이번에는 양가죽으로
된 부츠를 살 거야.

남편: 양가죽 부츠는 없어?

아내: 응. 있기는 있는데, 굽이 낮아서.

남편: 무슨 차이가 있는데?

아내: 낮은 굽은 편하지만, 높은 굽은 멋지잖아.

남편: 너, 키 크잖아. 별 차이 없겠는데.

아내: 아니, 사지 말라는 거야? 당신은 노트북 샀잖아.

남편: 그건 사무용이고, 이건 게임용이지.

아내: 둘 다 노트북인 것은 똑같잖아.

남편: 아니, 당신은 그것도 구분을 못해?

(3) 엉망진창

정상적 수집과 병리적 저장의 근본적인 차이점은 물건들이
체계적으로 유목화 혹은 조직화되어 있어서 언제든지 쉽게 접
근하여 감상하고 향유할 수 있는지 여부다. 저장장애를 겪고

있는 사람은 물건을 일정한 규칙에 따라서 유목화, 조직화, 범주화하지 못한다. 그래서 잡동사니가 엉망진창으로 쌓이고 온갖 물건이 뒤죽박죽으로 엉키는 상태가 초래된다.

저장장애를 겪고 있는 사람의 생활공간은 군데군데 산더미처럼 쌓여있는 잡동사니로 가득하고, 무질서하게 방치되고 어지럽게 나뒹굴고 있는 물건들이 사방에 수북하다. 여기서는 어떤 유목화 혹은 조직화 원리도 도저히 발견하기가 어렵다. 바닥이 잘 보이지 않는 좁은 오솔길을 따라서 집 안을 순례해보면 주방이 꽉 차서 음식을 조리할 수 없고, 싱크대에는 더러운 접시와 그릇이 아무렇게나 던져져 있고, 식탁에는 먹다가 남은 시리얼통과 각종 쓰레기가 난무한다.

이쯤 되면 집 안에 머무를 수 없게 되고, 남편과 자녀도 집에 들어오지 않으려고 한다. 그래서 어떻게든 치워봐야겠다고 생각하지만 감히 엄두가 나지 않아서, 막상 버리려니 너무 아까워서, 사실은 버릴 만한 게 하나도 없어서 치우지 못한다. 주관적으로는 무력감, 당혹감, 죄책감, 수치심을 경험하고, 가정불화와 이혼위기와 건강문제에 봉착한다. 그러나 희한하게도, 저장장애를 겪고 있는 사람 중에는 자신의 소유물이 아닌 것은 정리하고 분류하고 유목화하고 조직화하는 데 전혀 어려움이 없는 사람도 있다. 오직 자신의 물건에 대해서만 결함을 보이는 경우다.

2) 의사결정의 문제

어떤 사람은 이메일 계정의 수신메일함에서 스팸메일조차 버리지 못하고, 길에서 볼펜 뚜껑을 주우면 나중에 보드게임을 할 때 사용할 수 있겠다고 생각하고 모셔둔다. 이러한 행동이 나타나는 까닭은 그 물건이 정말로 중요한지 그렇지 않은지 신속하게 판단하지 못하기 때문이다.

저장장애를 겪고 있는 사람은 중요한 물건과 중요하지 않은 물건을 구분하지 못한다. 또한 유목화의 결함을 살펴본 것처럼, 물건을 용도, 형태, 특성 등에 따라서 적절히 분류하지도 못한다. 가끔씩 물건을 버릴 때도 있지만, 그렇게 하려면 엄청난 노력이 필요하기 때문에 너무 힘이 든다. 그러므로 의사결정decision-making을 하는 것보다는 일단 쌓아두는 것이 그들에게는 더 편리한 선택이다.

(1) 지나친 걱정

저장장애를 겪고 있는 사람은 쓸데없는 생각을 너무 많이 한다. "이것을 선택하고 저것을 버리면 어떤 일이 벌어질까?" "혹시 나중에 필요한데 성급하게 버리는 것은 아닐까?" "만약에 물건을 버린 뒤에 후회하면 어떻게 하지?"와 같은 걱정이 지나치다. 그래서 어떤 경우에는 범불안장애를 갖고 있는 것처럼 보이기도 한다. 둘 다 '만약에What if?'라는 불확실성을 감내하지 못하는 심리장애라는 점이 비슷하다.

걱정이 많고 생각이 많기 때문에 사소한 물건조차 그것을 버리는 것이 좋은지 버리지 않는 것이 좋은지 쉽게 결정하지 못한다. 무엇을 처분하고 무엇을 보관할지 신속하게 판단하지 못하며, 값어치가 있는 물건인지 없는 물건인지 순조롭게 평가하지 못한다. 이렇게 지나치게 신중한 사고과정은 결과적으로 우유부단indecisiveness과 꾸물거림procrastination을 유발한다. 우유부단과 꾸물거림은 실수하는 것에 대한 공포 및 완벽주의적 태도와 밀접한 관련이 있다.

이들에게 어떤 물건이 중요한 것이냐고 물으면, "선생님! 저한테는 모든 물건이 똑같이 중요해요. 신문의 광고지는 제 딸이 유치원 때 그린 그림만큼이나 소중해요."라고 대답한다. 일반적인 사람은 물건의 중요성을 연속선상의 여러 단계로 평가하는데, 저장장애를 겪고 있는 사람은 물건의 중요성을 이분법적으로 평가한다. 즉, 그들에게는 중요한 물건과 중요하지 않은 물건만 존재하는 것이다. 그렇게 하면 물건의 중요성 판단이 더 쉬울 것 같지만, 저장장애를 겪고 있는 사람의 시각에서는 중요한 물건의 범위가 훨씬 넓기 때문에 거의 모든 물건을 중요하다고 판단하는 정반대의 결과가 빚어진다.

(2) 우유부단

사실, 모든 물건은 단 하나의 범주로 분류될 수 없을 만큼 다양한 의미를 지니고 있다. 특히 저장장애를 겪고 있는 사람의 입장에서는 물건의 의미가 일반인에 비해 훨씬 더 다양하고 다채롭다. 따라서 모든 요소를 고려해서 범주를 분류하고 의사결정을 하려면 우유부단해질 수밖에 없다. 아울러 의사결정을 하려면 엄청난 시간과 노력이 요구되기 때문에 일반적인 사람보다 더 빨리 소진된다. 그런데 그렇게 분류할 수 있는 시간은 턱없이 부족하다. 결과적으로, 물건을 아무렇게나 쌓아두어 엉망진창으로 악화된다.

저장장애를 겪고 있는 사람은 물건의 중요성을 판단할 때뿐만 아니라 일반적인 의사결정 상황에서도 우유부단한 태도를 드러낸다. 예컨대, 자녀가 쇼핑하러 가면서 용돈을 달라고 하면 얼마나 주어야 하는지 결정하지 못한다. 용돈을 주더라도 현금으로 주어야 하는지 신용카드를 주어야 하는지 결정하지 못하고, 만약 신용카드를 준다면 비자카드를 줄지 마스터카드를 줄지 결정하지 못한다. 그래서 "어떤 신용카드를 줄까?"라고 오히려 자녀에게 물어보기도 한다. 그러고는 상대방의 대답도 듣기 전에 "모르겠어. 두 개 다 가져가." "아니, 나도 이따가 신용카드를 써야 하는데."라고 번복하는 과정을 반복한다. 실수하는 것에 대한 공포와 우유부단한 태도가 합쳐지면 어떤 결과가 빚어질까? 정답은 잡동사니다.

3) 기억력의 문제

저장장애를 겪고 있는 사람은 기억력이 상대적으로 저하되어 있다는 보고도 있지만, 사실은 그렇지 않은 경우가 더 많다. 어떤 사람은 이름과 전화번호가 적힌 종이조각을 우연히 발견하고 그것과 연합된 과거의 기억을 또렷하고 생생하게 회상해냈다. 물건에 대한 기억은 그가 살아온 삶의 씨줄과 날줄처럼 정교하게 구성되어 있기 때문이다.

(1) 망할 기억력

저장장애를 겪고 있는 사람은 각각의 물건과 그것을 입수한 경위를 세밀하게 기억한다. 정말로 문제가 되는 것은 나쁜 기억력 자체가 아니라 자신의 기억력을 확신하지 못하는 것이다. 이들은 자신을 신뢰하지 못하며, 자신을 '망할 기억력'을 지니고 있는 존재라고 폄하한다. 즉, 저장장애의 본질은 자기 자신에 대한 부정적 태도다.

물건을 모두 기억하려고 애쓴다고 하더라도, 수집하고 저장하는 물건이 워낙 많기 때문에 기억을 완벽하게 유지하는 것은 현실적으로 불가능하다. 이들은 엄청난 분량의 물건을 기억하라는 과제를 스스로에게 부과하면서, 정작 자신의 회상 능력에 대해서는 가혹하게 평가하여 주관적인 불편감을 자초 한다. 이것도 무시할 수 없는 역설이다.

신문과 잡지를 버리지 못하는 까닭도 같은 이유로 설명할 수 있다. 이들은 이미 신문과 잡지를 읽었음에도 불구하고 모 든 내용을 온전히 기억하지 못한다고 여기기 때문에 버리지 못한다. 따라서 저장장애를 겪고 있는 사람의 입장에서 가장 합리적인 해결책은 소중하게 보관해두는 것이다. 강박적인 저 장은 자신의 망할 기억력을 보완하는 수단이다. 아울러 '중요 한 정보를 잊지 않고 반드시 기억해야 한다'는 경직된 비합리 적 신념도 저장장애를 일으키는 한 원인이다.

(2) 시각적-공간적 기억

저장장애를 겪고 있는 사람은 물건의 위치를 시각적-공간 적visual-spatial 단서를 활용하여 기억한다. 특정한 물건의 위치 를 질문하면, "싱크대 밑의 두 번째 박스 왼쪽에 쌓여있는 물 건 더미 가운데 어디쯤 있을 거예요. 지난주에 거기서 봤는데, 그 위에 또 무언가를 쌓아둬서 그런지 못 찾겠네요."라고 대답 한다. 그들은 "책 옆에 열쇠, 그 옆에 신발, 그 옆에 안경, 그 옆 에 영수증······"과 같은 식으로 기억하기 때문에, 작업기억 working memory에 엄청난 부담을 자초한다. 결과적으로, 중요한 물건과 중요하지 않은 물건이 뒤죽박죽으로 섞이고 여기저기 흩어지게 된다.

저장장애를 겪고 있는 사람의 머릿속에는 거칠게 작성된 정신적 지도mental map가 존재한다. 사실, 그들은 어떤 물건이 어디에 있는지 어렴풋하게나마 알고 있다. 그러나 시간이 지나면서 새로운 물건이 빠른 속도로 유입되고, 이전에 쌓아둔 물건 위에 새로운 물건이 쌓이면서 정신적 지도는 금방 쓸모가 없어진다. 또한 타인이 물건을 만지거나 옮기면 정신적 지도가 완전히 망가져서 못 쓰게 된다. 그래서 그들은 타인이 절대로 물건을 만지거나 옮기지 못하도록 강요하는 것이다.

일반적인 사람도 몇몇 물건을 이런 식으로 보관하고 기억하곤 한다. 어느 정도는 효율적인 전략이기 때문이다. 하지만 우리는 기억에 확신이 있는데 반해 저장장애를 겪고 있는 사람은 그렇지 못하다. 또한 시각적–공간적 단서를 활용해서 정신적 지도를 그리는 방법은 대량의 컬렉션을 체계적으로 관리하기에는 매우 부적절하다. 필요한 물건이 어디에 있는지 찾을 수 없어서 다시 똑같은 물건을 구입해야 하는 사태가 벌어지므로 잡동사니는 쉴 새 없이 늘어난다.

이들은 물건이 당장 눈에 들어오지 않으면 없어졌거나 잃어버렸다고 생각하며 속상해한다. 예컨대, 집 안 곳곳에 옷가지가 가득한데 정작 옷장은 텅텅 비어있는 특이한 경우가 있다. 이유는 "옷장에 넣어두면 제 눈에 보이지 않을 거고, 제가 그 옷을 가지고 있다는 사실을 까맣게 잊어버릴지도 모르니까요."다. 특히 중요한 물건은 눈에 잘 띄는 곳이나 잊어버리지 않을 만한 곳에 놓아두어야 하므로 잡동사니의 맨 위에 올려 놓는다. 그러나 그 위에 다시 중요한 물건을 올려놓기 때문에 이내 천장까지 물건이 쌓이게 된다. 익히 알고 있는 것처럼, 그들에게 중요하지 않은 물건은 없다.

4) 주의력의 문제

일반적인 사람은 저장장애를 겪고 있는 사람이 물건을 버리지 못하는 이유가 게으름 때문이라고 오해하곤 한다. 그러나 이들이 게을러서 물건을 버리지 못하는 것은 아니다. 오히려 물건을 정리하고 정돈하는 데 상당한 시간을 소모하지만 안타깝게도 성공하지를 못하는 것이다.

(1) 집행기능의 결함

저장장애를 겪고 있는 사람은 주의집중, 주의배분, 주의유지, 계획수립, 분류행동, 조직화, 체계화, 순서화 등을 관장하는 두뇌의 집행기능executive function에 결함이 있어서, 무엇을 먼저 실행하고 무엇을 나중에 실행해야 하는지와 같은 체계적인 계획과 절차를 효과적으로 수립하지 못하고 효율적으로 집행하지 못한다. 앞에서 언급한 유목화의 결함 및 의사결정의 문제도 근본적으로는 집행기능의 결함 때문에 발생하는 표면적 현상이라고 이해할 수 있다.

어떤 정보를 처리하기 위해서는 우선 그 대상에 주의를 기울이고 집중하는 첫 단계가 순조롭게 작동해야 하는데, 초기단계부터 문제가 생기면 후속단계를 원활하게 밟아나가는 것이 어려워진다. 결국 이들은 잡동사니의 바다에서 길을 잃고 표류하게 된다.

물건을 버리겠다고 어렵사리 결정하더라도, 집행기능에 결함이 있고 물건을 분류하는 절차가 지나치게 정교하고 복잡하기 때문에 결과적으로 버리지 못하게 된다. 예컨대, 집 안 곳곳에 쌓여있는 신문과 잡지 중에서 적어도 일부는 버려도 괜찮다고 생각하는 사람이 있다. 그러나 신문과 잡지를 버리기 위해서 고려해야 하는 요소가 너무 많기 때문에 결국에는 못 버린다. 일단 신문과 잡지 더미에 중요한 물건이 들어 있지 않은가 일일이 살펴야 하고, 그것을 수거해서 들고 갈 사람이 고생하지 않도록 일정한 부피와 무게로 나눠야 하고, 특별한 끈으로 주름이 잡히지 않게 단단히 묶어야 하고, 재활용이 가능한 것과 불가능한 것을 확실하게 가려야 하며, 트럭에 실었을 때 서로 분리돼서 굴러다니지 않도록 쌓아야 하기 때문이다.

만약 이런 엄격한 기준과 복잡한 절차를 모두 충족시켜야만 신문과 잡지를 버릴 수 있다는 법이 만들어진다면, 차라리 버리지 않겠다.

(2) 주의산만성

저장장애를 겪고 있는 사람은 새로운 물건에 주의를 빼앗기는 산만한 모습을 보인다. 이들은 어떤 물건을 손에 들고 잠깐 들여다보다가 금방 다른 물건을 손에 들곤 한다. 대체로 긍정적인 감정이나 정서적인 감흥을 불러일으키는 물건, 어떤 이야기가 생각나게 만드는 물건에 주목하는 경향이 강하다. 신중한 의사결정이 필요한 순간에도 쉽게 주의가 분산된다. 지루한 과제에 주의를 집중하지 못하는 것은 모든 사람의 특징이지만, 저장장애를 겪고 있는 사람의 경우에는 그것이 더 심하게 나타난다.

우리의 삶은 종종 지루해지고 우울해지고 흥미가 없어진다. 그러나 새로운 물건은 유쾌한 감정과 신선한 주의를 유발한다. 저장장애를 겪고 있는 사람은 쉽게 분산되는 주의산만성으로 인해서 오히려 정적 강화를 경험하는 것으로 추정된다. ◆

5. 동물저장장애

저장장애를 겪고 있는 사람 중에는 무생물인 물건뿐만 아니라 살아있는 동물까지 강박적으로 수집하고 저장해서 심각한 문제를 일으키는 사람이 있다. 이런 특수한 형태의 저장장애를 동물저장장애animal hoarding라고 부른다.

1) 사례: 구원환상을 품은 여자

40년이라는 짧지 않은 인생에서 나는 항상 다른 사람을 돌봐왔다. 나도 사랑받고 싶었지만, 그들은 나를 사랑하지도 않았고 존중하지도 않았다. 엄마는 나를 늘 더럽고 사악한 돼지라고 불렀다. 그럴 때마다 나는 빨리 강해져서 더 이상 무시당하지 않겠다고 다짐했다.

처음에는 고양이가 그저 놀이고 재미였다. 혼자 있으면 무지하게 심심했는데, 움직이는 고양이와 같이 있으면 금방 시간이 지나갔다. 고양이가 한 마리 있을 때는 너무 예뻤고, 두 마리 있을 때는 너무너무 예뻤다. 그래서 고양이용품 전시회에 찾아갔고, 동물병원에 고양이 입양을 신청했고, 귀여운 녀석이 나타났다는 기쁜 소식을 들으면 만사를 제치고 달려갔다. 고양이는 내 인생에서 가장 중요한 존재였기 때문이다. 남편보다 소중했고 아이보다 귀중했다. 섹스보다, 쇼핑보다 고양이가 더 좋았다.

어느 날 문득, 나는 동네의 모든 고양이, 아니 세상의 모든 고양이를 보호해야 한다는 사명감을 느꼈다. 버려진 고양이를 볼 때마다 눈물이 났고 옛날 생각이 났다. 세상에는 고양이를 키울 자격이 없는 인간들이 너무 많다. 짐승보다 못한 인간들 말이다. 나는 그들에게서 가엾은 고양이를 빼앗아오고 싶었다. 내가 돌봐주고 지켜주면 되니까. 하나님은 나에게 위대한 사명을 주셨다. 세상에는 두 종류의 사람이 있다. 고양이를 좋아하는 사람과 싫어하는 사람. 고양이를 돌보는 것은 나의 의무다. 아직도 고양이 10마리 정도는 더 책임질 수 있다. 합치면 총 30마리가 돼서 시간과 비용이 부담스럽기는 하지만 말이다. 만약 내가 충분히 보호할 수 있는데도 돌보지 않는다면, 그것은 내가 사악한 인간이라는 뜻이고 짐승만도 못한 인간이라는 뜻이다. 그러면 나도 엄마랑 똑같아지는 것이다.

고양이는 나를 배신하지 않는다. 나에게는 고양이의 마음을 헤아리고 고양이와 소통하는 특별한 능력이 있다. 다른 사람들은 못하지만 나는 할 수 있다. 그러니까 고양이도 나를 보면 달려와서 반겨주는 것이다. 우리 집 고양이들은 행복하다. 어디서든 먹고 자고 싸도 된다. 고양이에게도 자유가 필요하다.

그런데 오늘은 너무 우울하다. 지난주에 고양이 한 마리가 죽었다. 나는 밥을 먹을 수가 없었다. 고양이도 잘 돌보지 못한 주제에 어떻게 목구멍으로 밥을 넘기겠는가. 내 뺨을 때렸다. 여러 번 때렸다. 내가 제대로 돌보지 못해서 애꿎은 고양이가 죽었으니까. 남아있는 고양이들에게 밥을 줘야 하는데 힘이 없어서 움직이지를 못하겠다. 하지만 절대로 내 고양이들을 버리지도 않을 것이고 빼앗기지도 않을 것이다. 목숨이 붙어 있는 한, 하나의 생명이라도 더 살려야 하기 때문이다.

2) 동물저장장애

흔히 실패하지 않는 광고의 3가지 요소로 아이baby, 미인beauty, 동물beast을 꼽는다. 아이와 미인과 동물을 바라보면 자신도 모르게 기분이 좋아지고, 다가가서 쓰다듬고 싶어지며, 자발적으로 돌봐주고 싶어진다. 그리고 많은 경우, 자기의 것으로 소유하고 싶은 욕망이 생긴다. 추정컨대, 아이와 미인과 동물에게는 물리적 및 심리적 접촉을 유인하는 묘한 매력이 있는 것 같다.

(1) 반려동물

그래서인지는 모르겠지만, 요즈음 동물을 인생의 동반자로 여기면서 반려동물companion animal과 함께 살아가는 사람이 상당히 많아졌다. 반려동물을 키우는 사람은 동물에게 각별한 관심과 애정을 보이고, 자신이 동물과 정서적으로 연결되어 있다고 느낀다. 이것은 변질되거나 왜곡되지만 않는다면 칭송받아 마땅한 배려이고 사랑이다. 반려동물을 기르는 사람은 평균 이상의 공감능력을 지니고 있다. 반려동물과 신체적으로 접촉하고 심리적으로 애착하는 행동은 몸과 마음의 질병을 치유하는 행위로 여겨져서, 종종 적극적으로 권장되기도 한다.

그러나 사례에 등장한 구원환상을 품은 여자처럼 과도한 책임감과 사명감을 가지고 지나치게 많은 동물을 키우느라 주관적인 고통을 겪고 부적응적인 상태에 빠진다면 동물저장장애로 진단해야 한다. 이미 스스로 통제할 수 있는 범위를 넘어섰음에도 불구하고, 자신의 행동을 문제라고 인식하지 못하기 때문이다.

동물저장장애를 갖고 있는 사람은 반려동물을 돌보는 행위가 건강한 즐거움을 유발하는 정상적 행동인지 혹은 엄청난 대가를 치르는 병리적 행동인지 구분하지 못한다. 또한 동물 저장행동이 자기가 집착하고 있는 반려동물에게는 물론, 자기 자신에게까지 치명적인 결과를 야기하고 있다는 점을 헤아리 지 못한다. 대개의 경우 동물저장장애는 법적인 문제를 일으 킨다. 역설적으로, 죄명은 '동물학대'다! 그들이 필사적으로 막으려고 했던 문제를 스스로 범하는 모순에 빠지는 것이다.

(2) 진단기준

동물저장장애에 대한 사회적 인식이 확산되면서, 1990년대 후반에 미국에서 동물저장장애 연구모임Hoarding of Animals Research Consortium: HARC이 결성되었다. 이들은 보유하고 있는 반려동물의 숫자만으로 동물저장장애를 정의하지 않고, 동물 의 요구를 인식하지 못하고 적절하게 돌보지 못하는 것으로 진단한다. 즉, 단순히 반려동물을 많이 키운다고 해서 동물저 장장애는 아니라는 것이다.

HARC가 제시한 동물저장장애를 겪고 있는 사람의 4가지 특징은 다음과 같다(Tolin et al., 2014). 이것은 DSM-5(APA, 2013)의 동물저장장애 관련특성에도 전반적으로 반영되어 있다.

1. 동물을 전형적인 숫자보다 지나치게 많이 보유하고 있다
   전형적인 숫자에 대한 통계적 기준은 제시되어 있지 않으나, 미국에서 실시된 한 조사에 따르면 동물저장장애를 겪고 있는 사람은 평균적으로 40마리의 동물을 보유하고 있었다.

2. 동물에게 최소한의 영양, 위생, 공간, 치료를 제공하지 못한다 지나치게 많은 동물을 보유하고 있기 때문에 경제적 및 시간적 부담이 초래되어 동물이 기아, 질병, 사망의 위험에 처한다. 과밀한 공간에서 생활하기 때문에 동물이 전염병에 걸리거나 극심한 스트레스를 받는다.

3. 지속적으로 더 많은 동물을 수집한다.

4. 자신과 동물이 겪고 있는 각종 문제를 축소하거나 부인한다 생활공간에 동물의 분변이 가득하고, 질병에 걸려 죽어가는 동물과 함께 살고 있으며, 자신도 영양과 위생을 비롯한 여러 문제를 겪고 있으나, 전혀 혹은 거의 문제점을 인식하지 못한다.

(3) 임상양상

동물저장장애를 갖고 있는 사람이 가장 흔히 수집하는 동물은 개와 고양이다. 미국에서 조사한 자료에 따르면, 평균적으로 40마리 이상을 보유하고 있었다. 지나치게 많은 동물이 과밀한 공간에서 생활하기 때문에 위생상태가 극도로 불결하며, 적극적 및 소극적 생활공간에 이미 사망했거나 혹은 질병으로 죽어가고 있는 동물이 존재하는 경우가 많다.

동물저장장애를 갖고 있는 사람의 상당수가 40대 이상의 여성이다. 결혼상태는 미혼, 이혼, 사별, 독신이 많다. 이들은 동물에게는 각별한 관심과 애정을 보이지만, 사람에게는 연민이나 동정심을 잘 느끼지 못한다. 남편이나 자녀보다 동물을 더 극진하게 돌보고, 사람보다 동물에게 더 비싼 음식과 자원을 제공한다.

동물저장장애를 갖고 있는 사람은 자신에게 동물과 교감하는 특별한 능력이 있다고 믿는다. 동물의 감정을 이해하고 소통할 수 있고, 동물이 원하는 것을 누구보다 더 잘 알고 있으며, 그래서 자신이 누구보다 더 잘 돌볼 수 있는 존재라고 주장하는 것이다. 이런 기이한 인식은 때때로 정신분열증의 망상처럼 보이기도 한다.

반려동물을 보유한 기간이 길수록 동물의 생활방식과 유사해 보이는 특이한 생활방식을 드러내는 경향이 있다. 또한 동물이 자연스러운 환경에서 자유롭게 생활하기를 원하므로, 어떤 통제나 규칙도 동물에게 강요하지 않는다. 어디서든 먹고, 자고, 싸도록 방치하므로 생활공간이 동물의 분변으로 극심하게 오염되어 있는 경우가 대부분이다.

동물저장장애를 갖고 있는 사람 중에서 상당수는 어린 시절에 가정에서 무시, 방치, 학대를 당했다는 보고가 있다. 비일관적이고 예측이 불가능한 양육을 받았으며, 사람과 사람

사이의 유대감이 약한 환경에서 성장했다. 그래서 사람보다 동물이 더 믿을 만하고 더 사랑스러운 존재로 여겨지는 것이다. 그들은 이미 망가져버린 혹은 쉽게 부서질 수 있는 사람과의 관계를 자신이 집착하는 동물과의 관계로 대체하려는 모습을 보인다.

이들은 동물이 아무런 고통을 겪고 있지 않은데도 "저는 동물에게서 제가 겪은 고통을 보았어요."라고 말하면서, 곤경에 처한 동물과 학대를 당한 자신을 동일시한다. 이들은 흔히 "사람보다 동물이 낫다." "사랑할 만한 사람을 찾아보았지만 어디에도 없었다." "동물은 나에게 아무것도 요구하지 않는다."라고 이야기한다. 그러나 동물에 대한 애착이 경직되기 시작해서 적절한 경계와 거리가 유지되지 않는다면, 상대를 사랑하려는 노력이 오히려 그 대상을 망가뜨리는 해로운 결과를 초래할 수 있다.

3) 구원환상

동물저장장애를 갖고 있는 사람 가운데 상당수는 양육자와의 관계에서 비롯된 정서적 결핍감과 박탈감을 반려동물에게 강박적으로 집착함으로써 과잉보상하려고 시도한다. 그들을 곁에서 지켜보면, 마치 양육자에게 신체적·언어적·정서적・성적 학대를 당한 아이가 "나와 같은 처지에 있는 아이들과 동물들을 돌보겠다."고 맹세하는 것처럼 열의가 느껴진다. 그들은 자신의 도움이 필요하다고 여겨지는 동물이 있으면 반드시 데리고 가서 돌보아야 한다고 결정하고 신속하게 실행에 옮긴다. 이른바 과도한 책임감을 지각하는 것이다.

(1) 과도한 책임감

과도한 책임감inflated responsibility을 지각하는 것은 강박장애를 겪고 있는 사람의 중요한 특징이다. 책임감은 영향력이다. 즉, 책임감은 자신이 어떤 부정적인 결과의 발생 혹은 방지에 영향을 미칠 수 있다는 인식을 뜻한다. 그들은 "나에게는 부정적인 결과를 미연에 방지할 수 있는 힘이 있다. 그럼에도 불구하고 아무것도 하지 않는다면, 나는 비난받아 마땅하다. 그것은 내가 사악하고, 혐오스럽고, 부도덕하고, 비윤리적인 인간이라는 뜻이다."라고 과도한 책임감을 지각한다(Salkovskis, 1985).

동물저장장애를 갖고 있는 사람의 관점에서, 서둘러 구조해야 하는 동물을 목격했음에도 구조하지 않고 방치하는 행위는 그 동물을 학대하고 살해하는 것이나 다름이 없다. 그러면 엄청난 죄책감과 수치심이 찾아올 것이므로, 끔찍한 부정적 감정을 회피하기 위해서는 거리를 돌아다니면서 구조가 시급한 동물을 적극적으로 탐색하고 의무적으로 보호해야 하는 것이다.

(2) 구원환상의 역설

과도한 책임감은 구원환상rescue fantasy으로 이어진다. 앞의 사례에서 소개한 여자처럼 동네의 모든 고양이, 아니 세상의 모든 고양이를 보호해야 한다는 사명감과 '캣맘'이라는 정체감을 지각한 채 발언하고 행동한다. 동물학대를 예방하고 동물유기를 근절하자는 캠페인을 주최하고, 동물의 안락사 및 중성화수술을 반대하는 단체를 조직한다. 물론 이러한 행동 자체가 병리적인 것은 결코 아니다. 바람직한 행동도 적절한 범위를 벗어나면 문제가 될 수 있다는 점을 고려하지 못하는 것이 병리적인 요소다.

예컨대, 고양이의 거세를 강력하게 반대하면서 거세당할 위기에 처해있는 고양이를 자신이 모두 입양한다. 중성화수술을 하지 않으면 자연번식을 통해서 고양이의 개체수가 기하급수적으로 증가한다. 개체수가 많아지면 경제적인 문제가 발생한다. 먹이를 대량으로 구입해야 하고, 심지어 자기를 대신해서 고양이를 돌봐줄 사람을 고용해야 하기 때문이다. 개체수가 많아지면 생활공간을 청결하게 유지하는 것이 불가능해져서 위생문제와 건강문제가 발생한다. 아울러 가족 및 이웃과의 다툼이 잦아져서 대인관계 문제가 발생하며, 동물병원에 데리고 가서 검진을 받고 치료를 해야 하므로 시간적인 문제가 발생한다. 과밀한 공간에 너무 많은 고양이를 수용하면 필연적으로 유행성 전염병이 발생한다. 고양이가 죽으면 지붕이나 다락에 쌓아두고 미라처럼 방치한다. 죽은 고양이를 좋은 곳에 묻어주고 싶지만, 시간에도 금전에도 마음에도 전혀 여유가 없기 때문에 실천하지 못하는 것이다.

고양이가 다치거나 아프거나 죽어버린 것은 "모두 내가 잘 돌보지 못했기 때문이다. 우리 엄마가 나한테 했듯이."라고 개인화personalization한다. 사례의 여자처럼, 자신이 그렇게 혐오하던 엄마랑 똑같아지는 것이다. 이윽고 자신을 사악한 인간이자 짐승만도 못한 인간이라고 여기면서 비난하고 처벌한다. 예전에는 엄마가 자신을 학대했지만, 지금은 자신이 스스로를 학대하는 것이다. 사실, 전형적인 개체수 이상의 반려동물을 돌보는 것은 노예생활과 흡사하다. 고양이에게 때맞춰 밥을 줘야 하고, 분변을 치워야 하고, 목욕을 시켜야 하고, 산책을 시켜야 하고, 동물병원에 데리고 가야 하기 때문이다.

처음에는 결핍감과 박탈감을 과잉보상하려고 반려동물을 돌보기 시작했는데, 종국에는 스스로 자신을 결핍시키고 박탈시키는 지경에 이른다. 무언가 문제가 있다는 생각이 들기도 하지만, 해결할 수 있는 방법이 전혀 없기 때문에 무기력감에 사로잡힌다. 아무렇게나 엉망진창으로 방치되는 것이다.

(3) 동물학대

결국 정부기관 혹은 사법기관이 개입하는 지경에 이른다. 그녀는 고양이를 적절히 돌볼 수 없고, '동물학대'라는 몹쓸 죄를 지은 사람이므로 징벌적으로 고양이를 압수한다. 그러나 그녀는 "그들이 나한테서 모든 것을 빼앗아갔다. 그들이 고양이를 도살해버렸다."고 인식하고, 극단적인 분노와 비난을 퍼부으며 정부기관의 만행을 규탄한다. 동시에, 고양이를 위기에서 구조해야 한다는 구원자로서의 환상과 사명감은 더 강해진다.

이런 경우, 그녀의 죄는 무엇인가? 동물저장행동을 중단하기 전까지는 이러한 역설과 악순환의 고리를 제대로 인식하기가 몹시 어렵다. 자신의 신념을 아무런 회의도 없이 확신해버리는 무오류의 덫에 걸려들었기 때문이다.

4) 동물저장장애 하위유형

전형적인 저장장애의 발생과 지속에 기여하는 요인이 다양한 것처럼, 동물저장장애의 원인도 결코 동일하지 않다. 동물저장행동의 이면에 숨겨진 본질을 이해해야 문제행동을 온전히 변화시킬 수 있으므로, 3가지 유형으로 구분하여 특징적인 양상을 살펴보자(Arluke, Frost, Steketee, Patronek, Luke, & Messner, 2002; Frost, Steketee, & Williams, 2000).

(1) 압도되어 있는 양육자

일반적인 경우보다 더 많은 반려동물을 소유하고 있지만 특별한 문제없이 비교적 잘 돌보아왔던 사람이다. 그러나 배우자의 사망, 정기적인 수입의 상실, 본인의 갑작스러운 질병 혹은 그 밖의 중요한 스트레스 사건으로 인해 반려동물을 돌보는 것이 갑자기 어려워져서 지나치게 많은 개체수에 압도되어 있는 사람overwhelmed caregiver이다. 대개 사회적으로 위축되거나 고립되어 있으며, 누구에게 어떤 도움을 어떻게 청하고 받을지를 잘 모른다. 그러나 일단 발견되면 자신과 동물이 심각한 문제를 겪고 있다는 점을 인정하고 치료에 협력하는 경향이 있다.

(2) 사명감을 느끼는 보호자

반려동물을 사망, 질병, 학대, 고통의 위협으로부터 구조하고 구원하려는 소망과 사명 때문에 지나치게 많은 동물을 소유하고 있는 사람mission-driven animal hoarder이다. 동물의 안락사 및 중성화수술에 강하게 반대하며, 수동적으로 동물을 수집하는 압도되어 있는 양육자와 달리 위기에 처해 있는 동물을 능동적으로 탐색하고 보호한다. 문제는 다른 사람이 적절하게 돌보고 있는 동물까지도 자신이 보호하려고 한다는 점이다. 처음에는 여러 마리의 동물을 돌볼 만한 능력이 충분했으나, 점차로 자원이 고갈되면서 문제에 봉착하게 된다. 압도되어 있는 양육자와 달리, 정부기관의 개입을 적극적으로 회피한다. 자신이 동물에게 적절한 돌봄을 제공할 수 있는 유일한 존재라고 인식하기 때문이다. 비슷한 사명감을 느끼는 사람들과 연대하여 조직적인 활동을 진행한다. 하지만 역설적으로, 동물의 개체수가 지나치게 많아지면 자신이 그토록 혐오했던 사람들과 똑같은 반응을 반려동물에게 보이곤 한다.

(3) 교활한 동물학대자

반려동물에게 정서적 유대감을 거의 느끼지 못하지만, 돈벌이를 비롯해 자신의 목적을 달성하기 위한 수단으로 여러 마리의 동물을 키우는 사람exploiter이다. 예컨대, 동물애호가라는 명성과 후광을 이용해서 각종 후원금과 지원금을 타기 위해 동물을 이용한다. 살아있는 생명을 제멋대로 통제하려는 동기가 강하며, 치료적으로 개입하기가 제일 어렵다. 겉으로는 매력적이 혹은 카리스마 있는 사람처럼 보이지만, 양심이 없고 죄책감을 느끼지 않는다. 동물을 구조했다는 명분을 내세워서 금품을 요구하며, 정부기관의 개입을 거부하고 법망을 교묘하게 회피한다. ◆

저장장애를 어떻게
치료할 것인가

3

1. 저장장애 평가

　저장장애를 겪고 있는 사람은 자신의 수집행동과 저장행동이 정상적인 범위를 넘어서서 병리적인 수준에 이르렀다는 사실을 거의 혹은 전혀 인식하지 못한다. 이렇게 불량한 병식 또는 부재한 병식을 지니고 있는 사람은 저장장애로 인해서 초래되는 주관적 고통을 부정하거나 적응기능의 손상을 축소시키는 경향이 있으므로, 저장장애의 심각성 및 심리치료의 필요성을 평가할 때는 반드시 객관적인 측정도구를 활용해야 한다. 아울러 보호자, 배우자, 자녀와 같은 가족구성원 혹은 제3자의 객관적인 보고를 확보하는 것도 중요하다(Grisham & Barlow, 2005).

1) 저장장애 심각성 평정

노스캐롤라이나 주립대학교(2012)에서 저장장애를 지니고
있는 사람의 가족에게 제공하는 교육자료에 따르면, 저장장애
의 심각성은 다섯 단계로 평정할 수 있다.

(1) 1단계

잡동사니가 조금 쌓여있고, 반려동물의 체취가 가끔 풍기
고, 쥐 혹은 해충의 흔적이 일부 발견된다. 주거환경은 대체로
깨끗하게 유지되며, 사람이 생활하는 데 지장이 없다. 별다른
개입이 필요하지 않은 정상적인 수준이다.

(2) 2단계

반려동물과 해충으로 인한 문제가 발생했고, 일부 출입구
에 잡동사니가 쌓여있으며, 세탁기나 냉장고 같은 가전제품
중에서 한 개가 망가졌다. 잡동사니 및 저장장애에 대한 지식
을 갖춘 정리정돈 전문가의 개입이 필요하다.

(3) 3단계

잡동사니가 천장까지 쌓여있고, 몇 가지 기물이 파손됐고,
배관에서 누수가 발생했고, 창문이 깨져 있고, 음식이 부패했

고, 해충이 창궐했고, 바닥이 거의 보이지 않는다. 앉을 만한
곳, 먹을 만한 곳, 잠잘 만한 곳이 없다. 이것은 3단계부터 5단
계까지 공통사항이다. 3단계부터는 추가적 개입이 필요하다.
정리정돈 전문가는 저장장애에 대한 집중적인 훈련을 받아야
하고, 지역사회 네트워크를 동원해야 한다. 특히 정신건강 전
문가와 연계해야 한다.

(4) 4단계

저장장애로 인해서 심리학적·의학적·재정적 문제가 발
생했다. 해충방제업체, 범죄현장청소업체, 재정상담기관 등과
계약을 맺고 실질적인 도움을 받아야 한다. 집중적인 훈련을
받은 정리정돈 전문가 및 각종 서비스 제공자의 유기적인 협
력이 필요하다.

(5) 5단계

이제는 가정에서 안전하게 생활할 수 없다. 다양한 분야의
전문가가 유기적으로 협력해야 하므로 정리정돈 전문가가 단
독으로 개입하는 것은 금물이다. 5단계에 속하는 사람은 후견
인의 보호를 받고 있을 가능성이 있고, 본인과 가족이 심리장
애를 지니고 있을 가능성이 높다. 여러 전문가 및 관련자가 팀
을 이루어 실질적인 도움과 치료적인 개입을 제공해야 한다.

예컨대, 심리치료자, 사회복지사, 안전담당자, 소방관계자, 사법당국자, 법률전문가, 건물관리인, 후견인 및 보호자가 수시로 회의를 진행하면서 개입해야 한다. 모든 개입전략은 문서로 작성해서 상호 동의를 얻어야 한다.

2) 저장장애 평가도구

심리치료자는 다양한 평가도구를 활용해서 저장장애 진단기준 충족 여부, 저장행동과 관련된 독특한 신념과 경험, 생활공간에서 잡동사니가 차지하는 비율, 주거공간의 안전성 및 일상생활의 손상도를 객관적으로 평가할 수 있다. 이를 바탕으로 사례개념화를 실시하면 심리치료의 기간을 예측하고 방향을 설정하는 데 도움이 된다.

(1) 저장증상 평정척도

'저장증상 평정척도Hoarding Rating Scale'는 저장장애 진단기준의 충족 여부를 간편하게 확인할 수 있는 5개의 문항으로 구성되어 있다(Tolin et al., 2014). 심리치료자는 지난 일주일 동안 내담자가 어떤 경험을 했는지 물어보면서 0점전혀 그렇지 않다부터 8점매우 그렇다까지의 리커트 척도상에 평정하게 한다. 문항은 다음과 같다.

1. 잡동사니 때문에 혹은 물건이 너무 많아서 생활공간을 사용하기가 어렵습니까?

2. 다른 사람이라면 버릴 만한 평범한 물건을 버리는혹은 판매하는, 기부하는, 재활용하는 것이 어렵습니까?

3. 공짜 물건을 수집하거나 혹은 필요하지 않은 물건이나 사용하지 않는 물건을 구매합니까?

4. 잡동사니 때문에 혹은 버리지 못하기 때문에 혹은 너무 많이 구매하거나 수집하기 때문에 정서적으로 불편합니까?

5. 잡동사니 때문에 혹은 버리지 못하기 때문에 혹은 너무 많이 구매하거나 수집하기 때문에 생활예: 일상생활, 학교생활, 직장생활, 사회활동, 가족관계, 재정문제에 지장이 있습니까?

일반적으로, 각 문항에 4점 이상으로 응답했다면 임상적 주의가 필요하다. 만약 1번잡동사니, 2번버리지 못함, 3번지나친 수집 문항에 4점 이상으로 응답했다면, 적어도 부분적인 저장증상이 있다고 시사된다. 아울러, 4번주관적 고통 혹은 5번적응기능 손상 문항에 4점 이상으로 응답했다면, 저장증상이 내담자의 삶의 질을 훼손하고 있다고 의심해야 한다.

(2) 저장 신념 질문지

'저장 신념 질문지(Belief about Hoarding Questionnaire)'는 저장장애의 발생 및 지속에 기여하는 내담자의 독특한 신념을 구체적으로 파악하는 데 도움이 된다(Gordon, Salkovskis, & Oldfield, 2013). 이 질문지는 3개의 요인위험회피, 결핍경험, 애착장해을 반영하는 28개의 문항으로 구성되어 있으며, 각 문항에 묘사된 신념에 동의하는 정도를 0점전혀 믿지 않는다부터 100점완전히 믿는다까지의 범위에서 자기보고식으로 평정한다. 박태홍(2015)이 한국어로 번안하고 통계적으로 분석한 결과, 애착장해 요인은 제1유형 저장행동과 밀접한 상관이 있었고, 위험회피 및 결핍경험 요인은 제2유형 저장행동과 밀접한 상관이 있었다. 그가 번안한 문항을 다듬어서 다음에 소개하였다.

1. 나중에 필요할 가능성이 조금이라도 있다면 물건을 보관해두어야 한다.
2. 물건을 잘 보관하지 않는 것은 그것을 소홀하게 여기는 것이다.
3. 내가 가지고 있는 물건은 소중한 사람들과 연결되어 있으므로 그것을 잃어버리면 몹시 고통스러울 것이다.
4. 이 물건을 버리는 것은 나의 일부를 버리는 것이다.
5. 이 물건을 버리는 것은 나의 인생을 변화시킬 기회를 버

리는 것이다.

6. 나쁜 일이 벌어지지 않게 하려면 이 물건을 가지고 있어
   야 한다.

7. 공짜로 나눠주는 물건을 가져오지 않으면 매우 안타깝
   다.

8. 이 물건은 내가 알고 있는 사람을 떠올리게 하므로 그것
   이 손상되도록 내버려둘 수 없다.

9. 새로운 물건을 수집해서 컬렉션에 추가하면 몹시 신나고
   흥분된다.

10. 물건의 쓰임새를 찾는 것은 나의 책임이다.

11. 물건을 버리는 것은 물건을 가혹하게 대하는 것이다.

12. 내가 이 물건을 보관하지 않으면 누군가에게 해가 될지
    모른다.

13. 지금 이 물건을 버리면 나중에 필요한 상황이 벌어졌을
    때 후회하게 될 것이다.

14. 이 물건은 당연히 보관해야 하는 나의 친구다.

15. 과거에 이 물건이 있었다면 감사하게 여겼을 것이므로
    나는 이것을 가지고 있어야 한다.

16. 다른 사람들은 잘 모르지만, 내가 보관하고 있는 물건은
    중요한 물건이다.

17. 이 물건을 버리면 기분이 나빠질 것이다. 물건을 버리는

것은 과거의 기억을 버리는 것이기 때문이다.

18. 이 물건을 버리면 기분이 나빠질 것이다. 물건을 버리는 것은 낭비이기 때문이다.

19. 물건을 버리는 것은 사랑하는 사람을 버리는 것과 같다.

20. 다른 사람들은 잘 모르지만, 내가 보관하고 있는 물건은 가치 있는 물건이다.

21. 이 물건에 위험이 닥치면 이 물건과 연결된 사람에게도 위험이 닥칠 것이다.

22. 이 물건을 돌보지 않으면 나는 이 물건과 연결된 사람도 돌보지 못할 것이다.

23. 언젠가 사용할 수 있는 물건을 버리면 기분이 몹시 나빠질 것이다.

24. 나는 물건을 버리는 것이 완벽하게 옳다고 느낄 때만 그것을 버릴 것이다.

25. 평범한 물건을 버렸어도 중요한 물건을 버렸다고 비난받을까 봐 걱정된다.

26. 내가 잘 관리하지 않으면 이 물건은 손상될 것이다.

27. 누군가가 잘 사용할 것이라는 확신 없이 이 물건을 버리면 기분이 나빠질 것이다.

28. 이 물건을 버리면 나에게 소중한 사람에게 해로운 일이 생길까 봐 버리지 못하겠다.

(3) 잡동사니 이미지 평정척도

사실은 심리치료자가 내담자의 생활공간에 직접 방문해서 면밀하게 관찰한 뒤 임상적 심각성을 평가하는 것이 가장 좋은 방법이다. 이것이 여의치 않다면, 내담자로 하여금 잡동사니가 쌓여 있는 생활공간 혹은 업무공간을 사진이나 동영상으로 찍어오게 하는 방법을 대안으로 고려할 수 있다.

이러한 측면에 착안하여 개발된 대표적인 저장장애 평가도구가 '잡동사니 이미지 평정척도The Clutter Image Rating'(Frost, Steketee, Tolin, & Renaud, 2008)다. 심리치료자는 다음 그림과 같은 〈침실 이미지〉와 〈거실 이미지〉를 내담자에게 보여주고, 현재 내담자가 생활하는 공간의 모습과 비슷한 이미지가 9가지 단계 중에서 어디쯤에 해당하는지 솔직하게 보고하도록 유도한다. 저장장애를 겪고 있는 사람은 흔히 "우리 집에는 전혀 문제가 없어요." 혹은 "다른 집보다 조금 물건이 많은 편이에요."라고 말하면서 저장증상을 부인하거나 축소시키는 경향이 있음을 감안할 때, 시각적 정보를 포함시킨 잡동사니 이미지 평정척도는 상당히 유용하게 활용할 수 있다.

〈침실 이미지〉

〈거실 이미지〉

(4) 주거공간 안전도 평정척도

저장장애는 주거공간의 안전과 내담자의 생명을 위협한다. 엉망진창으로 쌓여 있는 물건 때문에 안전사고 및 화재사고가 발생할 가능성이 높고, 음식이 부패하고 해충이 번식해서 위생문제 및 건강문제가 초래될 가능성이 크다. '주거공간 안전도 평정척도ls my home safe?'(Tolin et al., 2014)를 활용하면 이와 관련된 문제들을 신속하게 평가할 수 있다. 총 7개 문항을 1점전혀 그렇지 않다부터 5점매우 그렇다까지의 리커트 척도상에서 평정하게 한다. 문항은 다음과 같다.

1. 주거공간이 파손되어 있는가예: 벽, 마루, 지붕 등?
2. 화재사고가 발생할 위험이 있는가예: 난로 위의 종이뭉치, 부엌의 인화물질?
3. 위생상태가 불결한 곳이 있는가예: 불결한 욕실, 악취의 발생 여부?
4. 구급대원이 장비를 들고 진입하는 데 지장이 있는가?
5. 비상구가 물건으로 막혀 있는가?
6. 계단이나 통로가 물건으로 막혀 있는가?
7. 집 밖에도 잡동사니가 쌓여 있는가예: 현관, 마당, 골목, 베란다 등?

모든 문항의 점수를 합산하여 주거공간 안전도를 수치로 산출한다. 총점이 14~20점 범위이면 경미한 문제, 21~27점

범위이면 상당한 문제, 28~30점 범위이면 심각한 문제, 31~
35점 범위이면 극심한 문제로 간주할 수 있다. 만약 총점이 21점
이상이면 안전하지 못한 공간에서 살고 있는 것이다. 그리고
어떤 문항이든지 3점 이상으로 응답했다면 그곳을 우선적으
로 정리할 필요가 있다.

(5) 일상생활 손상도 평정척도

저장장애로 인해 내담자의 일상생활이 얼마나 손상되어 있
는지 평가하기 위해서 '일상생활 손상도 평정척도Are your daily
activities impaired by hoarding?'를 활용할 수 있다(Tolin et al., 2014).
신체적 장애나 의학적 질병 때문에 어려움을 겪고 있는 경우
를 제외하고, 오직 저장증상 때문에 어려움을 겪고 있는 경우
에만 응답하게 한다. 총 15개 문항을 1점쉽게 할 수 있음부터 5점
전혀 할 수 없음까지의 리커트 척도상에서 평정하게 한다. 본인에
게 해당사항이 없는 경우예: 세탁기가 없음는 '해당사항 없음'에
응답하게 한다. 문항은 다음과 같다.

1. 음식 준비하기
2. 냉장고 사용하기
3. 전열기구 사용하기
4. 싱크대 사용하기

5. 식탁에서 식사하기

6. 집 안에서 이동하기

7. 집 밖으로 탈출하기

8. 화장실 사용하기

9. 욕조 및 샤워기 사용하기

10. 세면대 사용하기

11. 초인종 응대하기

12. 소파 및 의자에 앉기

13. 침대에서 자기

14. 세탁기 사용하기

15. 중요한 물건(예: 영수증, 고지서) 찾기

모든 문항의 점수를 합산하여 일상생활 손상도를 계산한다. 본인에게 해당사항이 없어 응답하지 않은 문항을 제외하고, 총점을 응답한 문항 수로 나눈다. 예컨대, 총점이 48점이고 응답한 문항이 12개라면, 일상생활 손상도는 4.0점이 된다. 일상생활 손상도가 1.5~2.0점 범위이면 경미한 문제, 2.1~3.0점 범위이면 상당한 문제, 3.1~4.0점 범위이면 심각한 문제, 4.1~5.0점 범위이면 극심한 문제로 간주할 수 있다. 만약 일상생활 손상도가 2.1점 이상이면 저장장애로 인해 적응적 기능이 상당히 손상되어 있는 상태로 파악한다. ◈

2. 심리치료의 시작

저장장애를 겪고 있는 사람이 자발적으로 심리치료를 요청하는 경우는 상당히 드물다. 수집행동과 저장행동을 반복하는 이유가 자아동조적일 뿐만 아니라 문제에 대한 병식이 거의 혹은 전혀 없는 경우가 대부분이기 때문이다. 대체로 여성에 비해서 남성의 치료동기가 상대적으로 낮은 편이다.

만약 주변에 저장장애가 의심되는 사람이 있다면, 불필요한 언쟁을 삼가면서 "한 번쯤 심리치료자를 만나보는 것이 어떻겠느냐."고 부드럽게 권유하는 것이 바람직하다. 하지만 그들은 호의적인 제안을 단호하게 거절할 가능성이 크다. 이런 경우, "가정불화 혹은 건강문제가 염려되어서 심리치료를 권유하는 것이다."라고 우회적으로 설득하는 것이 좋다. 이들은 일차적인 증상인 저장장애는 부인해도 이차적인 증상인 가정불화 혹은 건강문제는 인정하는 경향이 있기 때문이다.

아울러, 당사자의 허락이 없으면 아무도 집 안에 들어가지 않을 것이고 물건을 버리지 않을 것이라고 약속하면서 안심시키는 것이 지혜롭다. 심리치료자와 잡동사니에 대해서 이야기를 나누고, 어떤 도움을 받을 수 있는지 질문하면서 변화의 필요성과 가능성을 탐색하는 것이 심리치료의 시작이다. 저장장애를 겪고 있는 사람의 동의 없이 물건을 버리는 것은 결코 효과적인 해결책이 아니다. 예상을 뛰어넘는 저항이나 반발을 불러일으킬 가능성이 크고, 심지어 자신의 존재감과 정체감이 상실된 것으로 받아들여서 자살 혹은 자해를 시도하는 경우도 있다. 물건을 강제로 처분하면 처음에는 조금 깨끗해질 수 있을지 모르지만 잡동사니는 순식간에 다시 쌓여서 원상태로 복구된다.

1) 치료동기 고취

저장장애를 겪고 있는 사람은 수집행동과 저장행동을 통해서 상당한 이득을 얻는다. 수집행동 및 저장행동과 연합된 부정적인 감정의 회피는 부적 강화를 통해서 저장증상을 지속시키고, 긍정적인 감정의 체험은 정적 강화를 통해서 저장증상을 유지시킨다. 이들의 입장에서, 물건을 수집하고 저장하는 행동은 정서를 조절하고 관리하는 효과적인 방법이다.

그러나 저장장애를 겪고 있는 사람은 수집행동과 저장행동 때문에 톡톡한 대가를 치른다. 이들은 저장장애 자체보다는 저장장애로 인해서 가정불화, 이혼위기, 건강문제, 위생문제, 재정문제, 공간문제, 법률문제 등과 같은 이차적인 고통이 추가될 때 강제적으로 혹은 소극적으로 심리치료자를 방문하는 경향이 있다.

따라서 이들의 치료동기를 고취하기 위해서는 저장장애가 초래하는 역기능적인 결과에 주목하도록 이끄는 것이 중요하다. 예컨대, 잡동사니 때문에 생활공간이 협소해져서 일상생활에 심각한 지장을 겪고 있다는 점을 부각시키고, 재정적 부담이 가중되면서 가족구성원 사이의 갈등과 마찰이 고조되고 있다는 점을 환기시키는 것이 바람직하다.

(1) 변화의 필요성

인지행동치료cognitive behavior therapy에서 주로 사용하는 손해-이득 분석은 저장장애가 제공하는 이득과 초래하는 손해를 객관적으로 대비시키는 치료기법이다. 만약 수집행동과 저장행동 때문에 누리는 이득보다 치르는 손해가 훨씬 크다는 점을 깨닫는다면 내담자는 변화의 필요성을 받아들일 것이다. 이와 유사하게, 변화가 불필요하다는 생각보다 변화가 필요하다는 생각에 더 힘이 실리면 내담자의 치료동기도 자연스럽게 증가할 것이다.

   심리치료자는 내담자와 함께 변화가 필요한 까닭과 변화가 불필요한 까닭을 다음 〈손해-이득 분석〉의 예시와 같이 구체적으로 열거한다. 거의 모든 경우에 저장장애를 겪고 있는 사람은 변화가 불필요한 까닭을 더 쉽게 그리고 더 자주 언급한다. 또한 수집행동과 저장행동이 제공하는 이득이 엄청나게 많다면서 자신의 행동을 나름의 논리로 정당화한다. 심리치료자는 일단 내담자의 견해를 존중하면서 그가 미처 인식하지 못하는 치명적인 손해에 주의를 기울이게 유도한다. 그리고 적절하다면, 변화가 필요한 몇 가지 까닭을 심리치료자가 직접 제시하고 내담자의 피드백을 구하는 것도 방법이다. 이때 앞에서 소개한 저장장애 평가도구를 활용하면서 객관적인 증

◆ **손해-이득 분석**

변화가 필요한 까닭	변화가 불필요한 까닭
• 일상생활 곤란	• 실수하지 않음
• 가족갈등 심화	• 상실하지 않음
• 통제불능 인식	• 동거가족 없음
• 안전사고 우려	• 안전사고 없음
• 건강문제 염려	• 건강문제 없음
• 법적문제 발생	• 긍정정서 경험
• 재정부담 가중	• 벙커구축 완료
• 자기개념 변화	• 정체감의 확보

거를 제시하는 것이 도움이 된다.

(2) 공감적 직면

수용-전념치료acceptance and commitment therapy와 심리도식치료
에서는 치료동기를 고취시키고 변화의 필요성과 가능성을 인
식시키기 위해서 공감적 직면empathic confrontation을 시도한다.
고통에서 벗어나고 싶은 내담자의 심정을 공감적으로 헤아리
면서, 고통에서 벗어나려고 시도할수록 더 강력한 고통에 사
로잡히게 된다는 역설적 사실을 내담자가 직면할 수 있게 안
내하는 것이다(Hayes et al., 1999). 이것은 내담자가 수집행동과
저장행동을 반복하는 데는 나름대로 타당하고 합리적인 까닭
이 있다는 점을 공감하면서, 그것이 의도하지 않은 결과와 건
강하지 못한 상태를 초래하고 있다는 점을 부드럽게 직면시키
는 작업이다.

과거의 어느 시점에서 수집행동과 저장행동은 '분명히' 적
응적인 기능을 발휘했다. 그리고 현재의 어느 시점에서 저장
증상은 '때때로' 적응적인 기능을 담당한다. 경계선 성격장애
를 갖고 있는 사람이 폭음행동을 통해서 적어도 일시적으로
강렬한 감정을 조절하는 것처럼, 저장장애를 겪고 있는 사람
은 수집행동과 저장행동을 통해서 최소한 부분적으로 부정적
인 감정을 회피하고 긍정적인 감정을 체험하는 것이다.

이것을 갑자기 중단시키면 내담자가 더 극심한 고통에 사로잡히게 될 위험성이 있으므로 공감이 요구된다. 물론 언젠가는 중단시키는 것이 심리치료의 목표이므로 직면도 요구된다. 공감과 직면 사이에서 최적의 균형상태를 조율하는 것이 심리치료자의 능력이다. 아울러, 치료자는 부적응적인 수집행동 및 저장행동과 교환할 수 있는 적응적인 대안행동을 내담자에게 단계적으로 제시해야 한다.

예컨대, "당신이 물건에 집착하는 이유는 충분히 공감할 수 있습니다. 실패할까 봐 두려워하고 상실할까 봐 두려워하는 심정도 헤아릴 수 있습니다. 그러나 버리지 못하고 쌓아놓은 잡동사니 때문에 얼마나 큰 대가를 치르고 있습니까? 비록 일시적으로는 고통에서 벗어날 수 있을지 모르지만, 장기적으로는 더 큰 고통에 사로잡히게 되지 않았습니까? 지금부터 잡동사니를 정리하는 작업을 시작해보면 어떨까요? 절대로 모두 버리라고 강요하지는 않겠습니다. 당신이 원한다면 집을 정리하고, 물건을 정리하고, 꿈을 정리하는 작업을 함께 시작해봅시다. 모든 작업은 당신의 동의를 얻어서 천천히 진행할 것입니다. 저와 함께 잡동사니를 정리하고 그동안 놓쳐버렸던 삶을 회복한 분들이 상당히 많습니다."라는 공감적 직면이 가능하다.

(3) 변화의 가능성

심리치료자는 공감적 직면을 통해서 변화의 필요성뿐만 아니라 변화의 가능성까지 암시한다. 심리도식치료에서는 공감적 직면의 효과를 다음과 같이 설명하고 있다. 원저자의 표현을 일부 수정하고 첨가하여 인용했다. "내담자는 아마도 진정으로 이해받고 있으며 지지받고 있다고 느낄 것이다. 심리치료자가 공감해준다고 느낄 때 내담자는 변화의 필요성을 더 쉽게 인정하며, 심리치료자가 제공하는 대안적 관점을 더 쉽게 수용한다. 더 나아가서, 내담자는 심리치료자를 저장장애에 맞서서 자신과 동맹하는 사람으로 간주한다. 물리쳐야 할 적이 아니라 함께해야 할 동지인 것이다. 내담자는 저장장애를 당연한 것으로 간주하지 않고, 드디어 자아이질적인 것으로 바라보기 시작한다(Young et al., 2003)."

저장장애를 겪고 있는 사람 중에는 변화의 필요성은 인정하면서도 변화의 가능성은 지나치게 회의하는 사람이 있다. 저장장애가 만성화되었기 때문이다. 또한 심리치료를 통해서 어느 정도 변화가 시작되었음에도 불구하고, 변화속도가 기대에 미치지 못하거나 증상에 기복이 생기면 심리치료에 실패한 것으로 간주하고 성급하게 포기한다. 어렵게 만들어낸 변화를 평가절하하는 것이다. 그러므로 심리치료자는 모든 변화는 직선이 아니라 나선spiral의 형태로 일어난다는 점을 강조할 필요가 있다. 부분적 진전은 전체적 진전의 가능성을 보여주는 긍정적인 신호라는 유연한 조망을 유지하도록 이끌어야 하는 것이다. 이를 위해 심리치료자는 내담자가 '작지만 소중한 변화'를 성취할 때마다 반드시 주목하고 격려할 필요가 있다. 변화는 한꺼번에 일어나지 않는다.

(4) 정량화

아울러, 수집행동과 저장행동을 정량화scaling하여 0점부터 100점까지의 수치로 표현하는 것이 바람직하다. 수집행동과 저장행동이 동시에 개선되는 경우도 있지만 그렇지 않은 경우가 더 많으므로, 각각의 행동을 정량화해야 평가절하하는 오류에 대처할 수 있다. 예컨대, "수집행동은 20점 줄었고, 저장행동은 1점 줄었다." 혹은 "2개월 사이에 저장행동이 100점에서 80점으로 감소했다."라고 정량화하지 않으면, "선생님! 한 달이나 지났는데 아직도 저장증상이 있어요. 저는 실패자예요."와 같은 이분법적 사고에 빠지기 쉽다. 변화의 가능성은 작지만 소중한 변화에서 찾을 수 있다.

2) 창조적 절망

수용전념치료에서 강조하는 심리치료의 출발점은 창조적

절망creative hopelessness을 유도하는 것이다. 단순히 포기하고 낙심하라는 뜻이 아니다. 창조적 절망은 지금까지 내담자가 구사해온 필사적인 통제전략이 전혀 유용하지 않았다는 사실을 절실하게 인정하고, 앞으로 동일한 통제전략을 동원하고 싶은 유혹이 다시 찾아올 때 의식적으로 저항하는 것이다.

(1) 자동항법장치

통제전략의 다른 이름인 체험회피는 자동항법장치에 내맡긴 채로 인생을 살아가는 상태에 비유할 수 있다. 계기판을 쳐다보지도 않고 조종간을 조작하지도 않는다. 저장장애를 겪고 있는 사람은 자신이 물건을 소유하고 통제하는 것이 아니라 물건이 자신을 소유하고 통제하도록 내버려두고 있다는 사실을 깨달아야 한다. 그리고 어떻게 하면 다시 조종간을 붙들 수 있는지, 어떻게 해야 인생의 객체가 아닌 주체로 회복할 수 있는지 살펴보아야 한다. 이를 위해서, 자신이 회피하고 있는 부정적 감정과 추구하고 있는 긍정적 감정이 무엇인지 먼저 명확하게 알아차릴 필요가 있다.

수집행동과 저장행동을 통해서 기대했던 체험회피 시도가 초래하는 역설적 결과를 깨닫는 것이 절망이고, 자신은 과거와는 전혀 다른 새로운 반응을 선택할 수 능력을 보유하고 있다는 사실을 깨닫는 것이 창조다(Eifert & Forsyth, 2005). 여기서

2. 심리치료의 시작 ✳ **203**

중요한 점은, 내담자가 적용한 해결책이 절망적인 것이지 내담자 자신이 절망적인 것은 아니라는 점이다. 저장장애를 겪고 있는 사람은 자기를 실패자로 인식하는 경향이 있으므로 세심한 주의가 필요하다.

(2) 구덩이에 빠진 사람

수용전념치료에서 활용하는 '구덩이에 빠진 사람'의 비유가 창조적 절망을 유도하는 데 도움이 되므로 다소 길지만 소개하겠다(Follette & Pistorello, 2007).

"누군가가 당신의 눈을 가리고 연장가방을 주면서, 나무와 개울이 있는 들판에서 살도록 했다고 상상해보십시오. 들판 곳곳에 깊은 구덩이가 있습니다. 어떤 것은 폭이 좁지만, 어떤 것은 상당히 넓습니다. 어느 날, 당신은 개울을 건너고 껍질이 거친 나무를 지나서 오른쪽으로 돌았습니다. 그런데 갑자기 쿵 하는 소리가 났습니다. 깊은 구덩이에 빠진 것입니다. 구덩이 속은 무척 어둡습니다. 그렇지 않더라도, 당신은 눈가리개를 하고 있기 때문에 무슨 일이 벌어지는지 살펴볼 수 없는 처지라는 점을 기억하십시오. 바닥에 주저앉아서 잠시 생각하던 당신은 이런 상황에 처하게 된 것을 몹시 힘들어합니다. 이윽고 구덩이에서 빠져나가겠다고 결심합니다. 연장가방을 뒤졌더니 삽이 한 자루 있습니다. 삽은 땅을 파는 도구라고 배웠으므로 이내 땅을 파기 시작합니다. 부지런한 당신은 잠시도 쉬지 않고 삽질을 합니다. 오른쪽으로 계속해서 땅을 파는데, 빠져나갈 출구가 나오지 않습니다. 그래서 왼쪽으로 다시 땅을 팝니다. 막히면 아래쪽으로 다시 땅을 팝니다. 하지만 아무리 열심히 삽질을 해봐도 소용이 없습니다. 지쳐버린 당신은 삽질을 중단하고 철저하게 생각해보기로 결심합니다. '내가 개울을 건넌 게 문제야. 개울을 건너지 말았어야 했어. 껍질이 거친 나무를 지나서 오른쪽으로 돌았는데, 그때 오른쪽으로 돌지 말았어야 했어. 정말 멍청한 짓을 했어!' 한참 이런 생각을 한 뒤, 당신은 여전히 구덩이에서 벗어나지 못했다는 것을 깨닫고 저번에 작은 구덩이에 빠졌을 때는 어떤 식으로 삽질을 해서 빠져나왔는지 곰곰이 생각합니다. 그리고 왜 이번에는 아무리 땅을 파도 소용이 없느냐며 화를 내기 시작합니다. 아마도 누군가가 삽을 망가뜨려버렸기 때문이라고 단정합니다. 오랫동안 이런 생각을 반복하던 당신은 생각을 멈추고 주변을 둘러보겠다는 마음을 먹습니다. 여기저기 더듬어보니, 이미 구덩이에서 빠져나온 것 같은 착각이 들 정도로 여유공간이 꽤 넓습니다. 사방으로 출구를 찾느라고 삽질을 해왔기 때문에 구덩이가 더 커진 것입니다. 안타깝게도, 당신은 여전히 구덩이에 빠진 상태입니다. 심리치료자를 찾아왔을 때, 당신은 제가 멋진 삽을 건네줄 것이라고 기대했을지 모릅니다.

빠르고 깊게 팔 수 있는 금빛으로 반짝거리는 삽만 있으면 구덩이에서 빠져나올 수 있으리라고 반색했을 것입니다. 그동안 당신은 삽으로 땅을 파는 데 너무 열중해왔기 때문에, 제가 지금 당신에게 사다리를 건네줘도 그것을 땅을 파는 용도로 사용할 가능성이 있습니다. '와! 이것은 계단까지 갖추고 있는 새로운 삽이구나.'라고 생각할지 모른다는 말입니다. 좋습니다. 당신이 겪고 있는 바로 그 고통을 제가 똑같이 겪고 있는 것은 아니기 때문에, 당신은 제 이야기를 실없는 소리처럼 여길 수 있습니다. 하지만 저는 당신이 처해 있는 상황을 결코 가볍게 보고 있지 않습니다. 저도 불편감에 사로잡혀 본 적이 있기 때문에 당신의 심정을 충분히 이해합니다. 저는 당신이 빠져나갈 방법이 전혀 없어 보이는 아주 크고 깊고 넓은 고통을 겪고 있다는 사실과 당신은 지금 살아남기 위해서 최선의 노력을 다하고 있다는 사실을 잘 알고 있습니다. 그리고 당신이 지금까지 시도한 노력은 아무런 효과도 없었다는 사실도 잘 알고 있습니다. 고통을 회피하기 위해서 당신이 지금까지 매달렸던 방법이 일종의 삽질은 아니었는지, 즉 구덩이를 더 커지게 하지는 않았는지 곰곰이 따져 보십시오. 구덩이에 빠진 사람의 비유를 당신의 삶과 저장장애에 적용할 수 있겠습니까? 명심하십시오. 구덩이에 빠진 것은 당신의 잘못이 아닙니다. 당신은 앞을 볼 수 없는 상태에서 구덩이에 빠졌고, 당신이 사용할 수 있는 연장즉, 어린 시절부터 줄곧 배운 것은 오직 삽밖에 없었습니다. 이것은 누구를 비난할 일이 아니며 누구의 잘못을 따질 일도 아닙니다. 오직 구덩이에서 빠져나오는 방법에 관한 이야기일 뿐입니다. 당신에게 한 가지 제안을 하고 싶습니다. 부디 삽을 내려놓으십시오. 만약 과거에 구사하던 낡은 방법으로 되돌아가기를 원한다면, 그렇게 하십시오. 언제든지 과거의 통제전략으로 회귀할 수 있습니다. 하지만 비록 두렵더라도 당신이 새로운 관점으로 모든 것을 다시 살펴보시기를 바랍니다. 떨쳐버리기 어려운 오래된 문제를 해결하기 위해서 그동안 당신이 시도한 모든 노력은 전혀 효과가 없었습니다. 만약 그런 노력이 쓸모가 있었다면, 지금쯤은 이미 당신이 원하는 상태에 도달했어야 합니다. 예컨대, 만약 당신이 절대로 실수하지 않고 상실하지 않으려고 물건을 수집하고 저장하는 전략을 구사해왔다면, 이렇게 자문해보십시오. '물건을 통해서 불안감을 회피하고 불완전감을 떨쳐내려는 노력이 장기적으로 도움이 되었나? 물건에 집착하는 것이 불안감과 불완전감을 정말로 사라지게 했다면, 지금 다시 물건을 수집하고 보관하고 싶은 충동이 생기는 이유는 무엇일까? 물건에 집착하는 것이 사실은 더 큰 구덩이를 만드는 일은 아니었을까?'라고 말입니다."

구덩이에 빠진 사람의 비유를 통해 심리치료자가 전하려는 핵심적인 메시지는 이것이다. "삽질을 멈추십시오! 삽질을 멈춰야 비로소 새로운 선택을 할 수 있습니다."

(3) 존재의 고통과 부재의 고통

심리적 고통은 '있어서 문제가 되는' 존재의 고통과 '없어서 문제가 되는' 부재의 고통으로 구분된다. 인간은 존재의 고통에서는 벗어날 수 없지만, 부재의 고통에서는 벗어날 수 있다. 지금 논의하고 있는 창조적 절망은 무슨 수를 쓰더라도 존재의 고통에서는 벗어날 수 없다는 실존적 진리와 존재의 고통에서 벗어나려고 애쓰다가 부재의 고통까지 덧붙이게 된다는 역설적 결과를 깨닫는 작업이다.

존재의 고통pain of presence은 내담자의 입장에서 제발 사라지기를 간절히 바라지만 여전히 실재하는 문제를 의미한다. 예컨대, 저장장애를 겪고 있는 사람은 불안감, 상실감, 불완전감, 죄책감, 무가치감, 외상경험이 사라지기를 간절히 바라면서 수집행동과 저장행동을 반복한다. 하지만 그것은 절대로 사라지지 않으므로 존재의 고통이다.

부재의 고통pain of absence은 존재의 고통을 회피하려고 애쓰다가 돌보지 못하거나 참여하지 못하는 활동을 의미한다. 예컨대, 특정공포증을 갖고 있는 사람은 존재의 고통예: 특정한 대상에 대한 두려움을 회피하다가 부재의 고통예: 일상생활의 곤란을 덧붙이고, 사회불안장애를 갖고 있는 사람은 존재의 고통예: 타인의 부정적 평가을 회피하다가 부재의 고통예: 인간관계의 위축을 덧붙인다. 이와 마찬가지로, 저장장애를 겪고 있는 사람은 존재의 고통예: 불안감, 상실감, 불완전감을 회피하려고 애쓰다가 부재의 고통예: 잡동사니, 생활환경의 훼손, 가족관계의 단절을 덧붙인다.

존재의 고통과 부재의 고통 중에서 무엇이 더 가혹한 고통이고 더 유해한 고통일까? 대답은 분명하다. 변화의 필요성을 일깨우기 위해서는 바로 내담자 자신이 존재의 고통에 부재의 고통을 덧붙이고 있다는 사실을 공감적으로 직면시켜야 한다. 즉, 불편한 경험을 통제하려고 물건에 강박적으로 집착하다가 사실은 더 소중한 가족과의 단란한 저녁식사를 완전히 잃어버린 안타까운 상태가 저장장애다. 존재의 고통을 수용하지 않으면 변화의 가능성은 희박하다.

(4) 대안적 희망

인간은 존재의 고통에서 벗어날 수 없다. 그것이 인간의 기본적 조건이다. 그러나 부재의 고통에서는 얼마든지 벗어날 수 있다. 어리석게 스스로 덧붙이지만 않는다면 말이다. 이것이 창조적 절망의 본질이다. 구덩이에 빠진 내담자가 겪고 있는 존재의 고통을 영원히 종식시킬 수 있는 방법은 누구에게도 없다. 아무리 유능한 심리치료자라 할지라도 그것은 가능하지 않다. 그것은 인간의 영역이 아니다.

　이런 맥락에서, 저장장애 심리치료의 목표는 부정적인 감정을 경험하지 않도록 그리고 긍정적인 감정을 경험하도록 내담자를 도와주는 것이 아니다. 이것은 근본적으로 불가능하기 때문이다. 오히려 저장장애 심리치료의 궁극적 목표는 내담자로 하여금 물건의 노예가 아니라 물건의 주인이 되는 자유를 체험하게 이끄는 것이고, 경직성에서 벗어나서 유연성을 회복하게 도와주는 것이다. 창조적 절망이 선행될 때 대안적 희망을 발견할 수 있다(Hayes, 2005; Linehan, 1993). ◆

3. 심리치료의 진행

공감적 직면과 창조적 절망을 통해서 내담자가 변화의 필요성을 인정하고 변화의 가능성을 기대하기 시작하면, 심리치료자는 사례개념화를 실시하여 적절한 치료목표를 수립하는 과정을 진행한다. 또한 저장장애의 심각성과 독특성을 고려할 때 예상되는 치료기간을 내담자와 협의하고, 심리치료의 방식과 규칙을 서면으로 계약하고 구조화한다. 이상적으로, 4번의 회기 중에서 3번은 내담자가 심리치료자를 방문하고, 1번은 심리치료자가 내담자를 방문하는 복합치료가 권장된다. 가정 방문이 어렵거나 내담자가 이것을 거절하면, 그가 신뢰하는 사람을 보조자로 임명하는 것이 현실적인 대안이다. 어떤 경우든지 주기적으로 내담자의 생활공간을 사진이나 동영상으로 촬영해서 점진적인 변화를 포착하게 하는 치료적 장치가 도움이 된다.

처음부터 '잡동사니 버리기' 혹은 '물건 추가하지 않기'를
치료목표로 설정하면 내담자가 중도에 심리치료를 포기할 가
능성이 높다. 수집행동과 저장행동이 자아동조적이라는 점,
물건을 버리는 행동이 강렬한 부정적 감정을 불러일으킨다는
점, 물건을 구입하는 행동이 강렬한 긍정적 감정을 불러일으
킨다는 점, 심리치료에 대해서 양가적 태도를 갖고 있다는 점
등을 간과했기 때문이다(Steketee & Frost, 2007).

그러므로 내담자가 비교적 수월하게 실천할 수 있는 행동
부터 시작하게 만드는 것을 우선적인 치료표적으로 설정해야
한다. 예컨대, 어떤 종류의 물건을 분류하는 것이 더 어려운지
혹은 어떤 범주의 물건을 처분하는 것이 더 곤란한지를 파악
하는 작업부터 시작하는 것이 바람직하다. 이렇게 단계적으로
진행해야, 내담자가 마치 자신의 일부이자 분신처럼 여기는
소중한 물건을 모조리 버려야 한다는 두려움을 경험하지 않으
면서 꾸준하게 치료절차에 협력할 수 있다.

1) 인지행동치료

저장장애의 심리치료에 대한 임상적 관심은 1990년대 초반
부터 본격적으로 촉발되었다. 그래서 주요한 심리장애의 심리
치료에 비해 임상가가 참고할 만한 치료지침과 효과연구가 상

대적으로 부족하다. 최근까지도 강박장애 및 강박스펙트럼장애의 인지행동치료에 준하는 개입방법을 저장장애의 인지행동치료에 응용하고 있는 것이 현실이다(Steketee & Frost, 2007).

그러나 저장장애와 강박장애는 엄연히 다르다. 강박장애의 인지행동치료에서는 강박사고와 강박행동을 감소시키는 '노출 및 반응방지exposure and response prevention: ERP' 기법을 집중적으로 활용하여 우수한 치료효과를 거두고 있다(Abel, 1993; Rachman, 1998; Salkovskis, 1985). 하지만 저장장애를 겪고 있는 사람에게 전통적인 노출 및 반응방지 기법을 적용했더니 별다른 효과가 나타나지 않았고, 중도탈락률도 상당히 높았다. 강박장애와 달리 저장장애는 자아동조적이어서 치료개입에 대한 저항이 심하기 때문인 것으로 이해된다(Ayers, Saxena, Espejo, Twamley, Granholm, & Wetherell, 2014).

이러한 사정을 감안할 때, 이 분야의 선구자들이 보고한 치료사례는 의미심장하다(Hartl & Frost, 1999). 이들은 전통적인 인지행동치료를 변형해서 53세의 중년여성에게 적용하고 성공적인 치료효과를 거두었다. 주로 의사결정훈련, 인지적 재구성, 노출 및 반응방지 기법을 시행했는데, 최초에 주거공간의 70%를 차지했던 잡동사니가 현저하게 줄어들었으며, 45회기의 심리치료를 종결한 후에도 17개월 동안 치료효과가 지속되었다. 하지만 이것은 단일사례 연구에 불과해서 일반화하기는 어렵고, 치료기간이 다소 길다는 문제점도 부인할 수 없다.

최근에 스티케티와 프로스트(Steketee & Frost, 2007)는 다수의 저장장애 내담자에게 적용했던 임상적 사례와 경험적 연구를 바탕으로 인지행동치료 지침서를 출간했다. 이들의 작업이 저장장애의 연구와 치료 분야에서 가장 전형적인 모형으로 받아들여지고 있다. 지침서에 따르면, 저장장애의 인지행동치료에는 약 26회기, 약 9~12개월 정도의 기간이 소요된다. 그러나 치료기간은 내담자의 동기수준, 저장증상의 심각성, 공존병리 유무, 가정방문 여부 등에 따라서 현저한 차이를 보인다. 어떤 경우는 약 15회기 정도로 치료기간이 단축된다. 일반적으로 한 회기는 약 90분 정도 소요된다. 그러나 유목화 및 조직화 기술을 습득하는 훈련을 진행할 때는 2~3시간 정도의 집중적인 마라톤회기가 더 효과적이다. 내담자의 생활공간에서 그가 잡동사니를 분류하고 조직화하는 모습을 직접 관찰할 수 있고, 필요한 개입을 심리치료자가 즉각 시도할 수 있기 때문이다.

여러 인지행동치료자가 저장장애 심리치료에 특화된 단계적인 치료원리와 치료표적을 제안하고 있다. 현재까지 제안된 치료모형들을 통합하면서 전반적인 인지행동치료의 과정을 살펴보되, 다음의 모형을 중심으로 개관하겠다(Hartl & Frost, 1999; Steketcc & Frost, 2007; Tolin et al., 2014).

◆ **단계별 치료원리 및 치료표적**

치료원리	치료표적
1. 대안행동 제안	• 저장행동을 대체할 대안행동 제안 • 일상생활 구조화 • 과거에 회피하던 행동에 참여
2. 생활공간 조직화	• 물건을 보관할 특정공간 지정 • 마감시한 설정 • 본래의 용도로 생활공간 사용
3. 물건유입 방지	• 구매기록 작성 • 촉발자극 확인 • 수집패턴 확인
4. 처분하기 격려	• 의사결정과 관련된 불안감 감소 • 한 번에 한 구역씩 청소 • 버리기-보관하기-재활용하기 훈련

(1) 대안행동 제안

첫째, 인지행동치료자는 내담자에게 저장행동을 대체할 대안행동을 수행하라고 제안한다. 만성화된 수집행동과 저장행동을 한꺼번에 중단하는 것은 가능하지도 않고 유익하지도 않다. 인지행동치료자는 내담자로 하여금 수집행동과 저장행동에 몰두하는 대신에 일상행동routine에 전념하도록 유도한다.

대부분의 사람은 날마다 반복되는 일상행동을 어렵지 않게 실행하는데, 저장장애를 겪고 있는 사람은 그렇지 못하다. 예컨대, 아침에 출근하고 저녁에 퇴근하기, 자녀를 등교시키고 하교시키기, 음식을 조리하고 설거지하기, 욕실에서 샤워하고 물기 제거하기, 세탁기를 돌려서 빨래하기, 이메일을 확인하고 답장하기 등이 어려운 것이다. 잡동사니로 인해서 물건과 공간을 본래의 용도로 사용하지 못하고, 적응기능의 손상으로 인해서 직업적 및 사회적 기능에 장해가 있고, 가족이 해체되거나 독거생활을 하고 있어서 아예 이런 행동을 할 까닭 자체가 없기 때문이다.

이러한 일상행동에 전념하면서 내담자의 생활패턴은 점차 안정을 되찾기 시작한다. 특히 과거에 회피했던 행동 혹은 수행하지 못했던 행동에 참여하도록 이끄는 것이 중요하다. 존재의 고통을 건드리지 않고서도 부재의 고통에서 벗어날 기회를 잡을 수 있기 때문이다. 여기서 명심할 것은 아직 잡동사니는 전혀 건드리지 않았다는 것이다.

(2) 생활공간 조직화

둘째, 인지행동치료자는 적극적 생활공간의 조직화를 유도한다. 저장장애를 겪고 있는 사람은 조직화 및 유목화 능력에 결함이 있기 때문에 잡동사니가 쌓인다. 그들은 물건을 어느 곳에 보관해야 하는지, 물건을 어떻게 다른 곳으로 옮겨야 하는지, 그것을 어떤 방식으로 분류하고 정리해야 하는지, 어떻게 하면 생활공간을 효율적으로 사용할 수 있는지 등을 판단하고 실행하는 능력에 결함이 있다. 인지적 왜곡distortion이 정신병리를 초래하는 경우는 오류를 수정하는 것이 치료적이지만, 인지적 결함deficit이 정신병리를 유발하는 경우는 기술을 훈련하는 것이 치료적이다.

그래서 이 단계에서는 내담자의 조직화 및 유목화 능력을 향상시키는 데 집중한다. 이를 위해, 잡동사니를 보관할 장소를 내담자와 협의해서 몇 군데 지정하고, 잡동사니를 지정된 구역으로 이동시킨다churning. 사실, 물건의 위치를 옮기는 것만으로는 물건의 총량을 감소시킬 수 없다. 그러나 아직은 잡동사니를 모두 처분할 수 있는 단계가 아니므로 적극적 생활공간의 조직화를 먼저 시도하는 것이다. 이러한 절차를 통해 조직화 및 유목화 기술이 향상되면, 나중에 의사결정 기술을 향상시키는 훈련이 훨씬 수월해진다.

이때 물건을 분류하는 '3대 규칙'을 내담자와 함께 제정하는 것이 유익하다. 예컨대, 다락방에 있는 모든 물건은 반드시 트렁크에 넣어둔다는 트렁크 규칙trunk rule, 해충의 서식을 방지하기 위해서 모든 음식은 반드시 부엌에 있어야 한다는 부엌 규칙kitchen rule, 당장 사용하지 않을 물건은 사지도 않고 모으지도 않는다는 쓰임새 규칙utility rule을 제정하고 실천하면, 적극적 생활공간의 조직화 및 물건의 범주를 판단하는 의사결정 능력을 향상시키는 데 상당한 도움이 된다. 이러한 치료개입은 전통적인 인지행동치료에서 흔히 활용하는 자기지시훈련self-instruction training과 비슷하다. 자기지시훈련은 특히 아동, 청소년, 노인, 지적 결손이 있는 사람에게 효과적이다.

이어서 적극적 생활공간의 조직화를 언제부터 시작해서 언제까지 종료할 것인지 마감시한을 설정한다. 제한된 시간을 효율적으로 활용할 계획을 수립하고 정해진 시간에는 조직화에 전념하는 것도 내담자가 배워야 하는 중요한 기술이다. 일반적인 사람이 정기적 및 주기적으로 청소하고 정리하듯이, 내담자도 구체적인 계획을 세워서 실천하게 한다. 이렇게 하면, 잡동사니를 하나도 처분하지 않았음에도 불구하고 적극적 생활공간에 여유가 생기고 질서가 잡힌다. 드디어 바닥이 보이고 침대가 드러나기 시작한 것이다.

앞서 언급했듯이, 저장장애를 겪고 있는 사람이 게을러서 잡동사니가 쌓이는 것이 아니다. 조직화 능력의 결함과 우유부단한 태도 때문에 정리정돈을 시작하지 못하고 완료하지 못했던 것이다. 이쯤 되면, 남편과 자녀도 집에 들어오려고 할 것이다. 몇몇 물건과 공간을 본래의 용도로 사용할 수 있는 상태가 되었기 때문이다. 내담자와 가족에게 앉을 곳, 먹을 곳, 잠잘 곳이 생기면 일상행동을 더 수월하게 실행할 수 있다. 아울러, 내담자가 잡동사니로 인해 경험한 무력감, 당혹감, 죄책

감, 수치심도 현저하게 감소되면서 일상생활이 안정되고 가족
관계가 회복되는 선순환의 고리가 형성된다.

(3) 물건유입 방지

셋째, 인지행동치료자는 새로운 물건의 추가유입을 방지한
다. 이 단계에서, 내담자는 어떤 물건을 구매하거나 공짜 물건
을 획득할 때마다 반드시 '구매-획득 기록지daily log'를 작성해
야 한다. 비록 번거로운 과제지만, 지나친 수집행동이 동반되
는 저장장애를 겪고 있는 사람에게는 이 작업이 특히 중요하
다. 반복되는 자기감찰self-monitoring을 통해서 치료자와 내담자
는 강박적 구매행동, 과도한 획득행동, 기회의 절도행동을 촉
발시키는 사람, 상황, 장소, 감정 등을 세밀하게 확인할 수 있
다. 비견컨대, 담배를 끊으려는 사람은 자신이 어떤 상황에서,
어떤 장소에서, 누구와 함께 있을 때, 무엇을 하고 있을 때, 어
떤 감정을 느낄 때 담배를 피우게 되는지 파악하는 훈련을 먼
저 실시해야 하는 이치와 같다. 흡연행동을 촉발시키는 취약
한 상황을 파악하면, 자극통제stimulus control 전략을 동원해서
유혹과 충동을 비교적 수월하게 관리할 수 있게 된다. 이렇게
얻은 자료는 재발방지를 위한 개입에서도 요긴하게 활용할 수
있다.

예컨대, 남편이 늦게 들어올 때 홈쇼핑에 몰두하고, 비가 내

리는 날에 백화점에 가고, 대형마트에 가면 당장 필요하지 않은 물건을 대량으로 구매하고, 할인행사를 할 때 선물을 미리 구입하고, 버스정류장에 서있을 때 무가신문을 주워오고, 외로움과 결핍감이 느껴질 때 장신구를 사들이는 자신의 수집패턴을 인식하게 되는 것이다. 내담자의 입장에서, "나도 모르게 이러고 있었구나!"라는 통찰을 얻을 수 있는 기회다.

과거에 미처 자각하지 못했던 촉발자극과 수집패턴을 확인하면, 다음에 비슷한 상황에 처했을 때 자동적인 반응 대신에 의식적인 반응을 선택할 수 있는 힘이 생긴다. 아울러 단순히 구매행동과 획득행동의 빈도 및 양상을 기록하는 수준에서 한 발 더 나아가, 문제행동과 밀접한 관련이 있는 자동적 사고를 포착하는 작업이 치료적으로 유익하다.

저장장애를 겪고 있는 사람은 물건을 구매하고 싶은 충동과 유혹에 저항하지 못하게 만드는 자동적 사고를 빈번하게 떠올린다. 예컨대, "어머! 너무 예쁘다. 이건 꼭 사야 돼." "이번에 참 싸게 나왔네." "이번 달은 통장에 여유가 있어." "이 정도 가격이라면, 나도 얼마든지 구입할 수 있어." "백화점 세일할 때 사놓으면 오히려 절약하는 거야." "사지는 말고, 그냥 입어보기만 하자." 등의 자동적 사고가 특징적이다.

내담자가 구매-획득 기록지를 작성하는 과정에서 자동적 사고를 포착하면, 인지행동치료자는 그 생가의 타당성 및 유용성을 다각도로 평가하게 이끄는 치료적 질문을 던져서 현실 검증reality testing을 시도한다. 이때 물건의 구매와 획득이 내담 자의 삶에 어떤 영향을 미칠 것으로 예상되는지 따져보게 하는 질문이 효과적이다. 예컨대, "이 물건을 구매하면 당신이 간절하게 원하는 것을 정말로 얻을 수 있습니까?" "이 물건을 획득하면 가족갈등이 진짜로 해소될 것 같습니까?" "이 물건을 구입하면 오히려 남편과의 소통이 어려워지지 않을까요?" 라고 부드러운 현실검증을 시도한다. 또한 "이 물건을 보관할 마땅한 장소가 있습니까?" "우리가 함께 설정한 구역 중에서 어디에 보관할 계획입니까?" "똑같은 혹은 비슷한 물건을 이미 가지고 있지 않나요?"와 같은 현실적인 질문도 상당히 효과적이다. 이러한 치료개입의 핵심목표는 물건의 구매와 획득이 일시적으로는 만족감을 제공하지만 장기적으로는 괴로움을 덧붙이는 역설적 결과를 초래할 것이라는 점을 인식하게 이끄는 것이다.

인지행동치료의 목표 가운데 하나는 내담자가 치료장면에서 획득한 기술을 일상생활에서 적용할 수 있도록 일반화시키는 것이다. 치료자가 내담자의 일상생활에 항상 동행할 수는 없으므로, 충동과 유혹에 저항하는 질문을 치료시간에 함께 만들어서 대처카드coping card에 기록하여 휴대하고 다니게 한다. 그러다가 물건을 구매하고 싶은 충동과 유혹이 찾아오는 순간에 대처카드를 꺼내서 읽어보고 적용하게 한다(Clark & Beck, 2010). 예컨대, 대처카드에 "이번 달에 신용카드를 얼마나 긁었지?" "남편아내, 자녀, 치료자에게 뭐라고 말하지?" "사고 싶은 충동이 지나갈 때까지 잠깐 기다리자." "이것을 구입하면 다시 원점으로 돌아가는 거야."라고 기록하여 위기상황에서 각성할 수 있다. 대처카드는 물건의 구매 및 획득과 연합된 긍정적 정서를 감소시키고, 충동적으로 행동한 뒤에 반드시 찾아올 후폭풍을 예방하는 데 도움을 준다. 여기서, 어떤 내담자의 웃긴 이야기를 한 가지 소개하겠다. "내가 지난 주에 쇼핑하러 갔는데, 대처카드를 안 가지고 갔어. 왜냐하면 그것을 가지고 갔더라면 아무것도 사지 못했을 테니까."

이런 작업을 반복하는 과정에서 내담자에게 각종의 보상이 주어진다. 경제적인 여유가 생기고, 신용카드 부채가 탕감되며, 가족의 격려가 쇄도하고, 자기가치감과 자기존중감이 증진된다. 외국 사례에 나오는 어떤 남편은 심지어 "할렐루야!"를 외쳤다. 그러나 물건을 추가로 구매하고 획득하는 행동을 중단하는 것은 상대적으로 쉽지만, 이미 소유하고 있는 물건에 내담자가 부여한 독특한 의미를 변화시키거나 혹은 잔뜩 쌓여있는 잡동사니를 처분하는 것은 훨씬 어렵다. 그래서 치료의 순서를 지혜롭게 설정해야 한다.

(4) 처분하기 격려

넷째, 인지행동치료자는 잡동사니를 처분하도록 격려하면서 내담자의 의사결정 능력을 향상시킨다. 무엇보다도 내담자가 스스로 처분할 물건과 보관할 물건을 구분하게 하는 절차가 중요하다. 이때 무작정 물건을 버리는 것이 능사가 아니라는 점에 주의할 필요가 있다. 잡동사니를 순조롭게 처분하려면 내담자가 물건에 강박적으로 집착하는 독특한 이유를 밝히는 작업을 먼저 진행해야 한다. 즉, 표면증상과 이면기제 사이의 관계를 밝히는 사례개념화가 반드시 필요하다.

예컨대, 대량의 비디오테이프를 구매해서 일상생활의 모든 순간을 철저하게 기록하고 소중하게 보관해온 사람이 있다고 가정해보자. 그가 비디오테이프에 강박적으로 집착하는 독특한 까닭을 파악하지 못하면 그것을 처분해야 하는지 보관해야 하는지 결정하기가 어렵다. 그저 비디오테이프가 너무 많으니까 버려야 하는가? 아니면 유목화 및 조직화되어 있지 않으니까 버려야 하는가? 아니면 한 번도 시청하지 않고 녹화만 했으니까 버려야 하는가? 인지행동치료자의 임무는 잡동사니를 버리라고 종용하는 것이 아니고, 거듭되는 치료적 질문을 통해서 물건의 독특한 의미를 파악하는 것이다.

이때 '하향 화살표 기법vertical arrow technique'을 활용하면 의사결정에 필요한 결정적인 단서를 발견할 수 있다. 이것은 일

련의 신중한 질문을 반복함으로써 자동적 사고의 이면에 숨어
있는 핵심믿음을 탐색하는 기법이다.

치료자: 비디오테이프가 상당히 많네요?

내담자: 어릴 때부터 모았으니, 족히 20년은 되었네요.

치료자: 모두 몇 개나 될 것 같아요?

내담자: 글쎄요. 대략 5,000개쯤 되지 않을까요.

치료자: 그러면 돈을 얼마나 쓴 것일까요?

내담자: 정확하게는 몰라도 몇 천만 원 들었겠죠.

치료자: 그런데 비디오테이프를 모으는 이유는 뭔가요?

내담자: 그건…… 소중하니까요.

치료자: 비디오테이프가 어째서 그렇게 소중하죠?

내담자: 기억을 잃어버리지 않을 수 있으니까요.

치료자: 기억을 잃어버리는 것이 두려운가요?

내담자: 그러면 바보가 되잖아요.

치료자: 바보라는 게 무슨 뜻이죠?

내담자: 제가 멍청한 인간이라는 거죠. 녹화도 제대로 못하
　　　는 인간요.

치료자: 녹화를 제대로 못한다는 것은 당신이 어떤 사람이라
　　　는 건가요?

내담자: 우리 엄마가 늘 말했듯이, 변변치 않은 인간이라는

거예요.

치료자: 변변치 않은 인간이라는 것은 당신이 어떤 사람이라
는 뜻인가요?

내담자: 아무것도 제대로 못하는 실패자라는 거예요.

치료자: 실패자가 되는 것이 두려운가요?

내담자: 실패하면 세상을 살아갈 자격이 없는 거잖아요.

이 내담자의 경우, 세상을 살아갈 자격이 없는 실패자가 되
지 않으려고 비디오테이프를 강박적으로 수집하고 있는 것이
다. 그렇다면 그것을 처분해야 하는가 보관해야 하는가? 정답
은 없다. 최종적인 의사결정은 여전히 내담자의 몫이다. 심리
치료자는 절대로 특정한 선택을 강요하지 말아야 한다. 그리
고 만약 내담자가 비디오테이프를 보관하겠다고 결정하더라
도, 그것을 '성공한' 의사결정으로 간주하고 인정해야 한다.
동일한 상황에서 어떤 내담자는 비디오테이프를 자신의 불멸
성을 입증하는 증거라고 생각하고, 어떤 내담자는 역사의 훼
손을 막는 방법이라고 생각하며, 어떤 내담자는 돌아가신 부
모님을 추억하는 회상물이라고 생각한다. 이미 강조했듯이,
물건에 부여하는 독특한 의미는 사람마다 다르다. 인지행동
치료자는 사례개념화의 바탕 위에서 치료적 개입을 시도해야
한다.

다시 돌아가서, 내담자는 처분할 물건과 보관할 물건을 분류하는 의사결정을 시작한다. 저장장애를 겪고 있는 사람은 물건의 잠재적 유용성을 중시하고, 대개 '있으면 좋은 물건'보다 '없으면 나쁜 물건'에 더 집착하는 경향이 있다. 따라서 인지행동치료자는 물건을 처분해서 얻는 이득 및 물건을 보관해서 드는 비용에 주목하여 의사결정하도록 주의의 초점을 변경할 필요가 있다. 의사결정 능력이 향상되면 물건을 분류하고 처분하는 과정뿐만 아니라 물건을 구매하고 획득하는 과정에서도 내담자의 지각된 통제감이 증가한다.

잡동사니를 분류하고 처분하는 작업은 한 번에 한 구역씩 단계적으로 진행하는 것이 바람직하다. 이 과정에서 내담자가 자기 자신을 충분히 설득하고 확신할 수 있다면, 비록 망설이더라도 잡동사니를 처분할 수 있다. 예컨대, 물건을 버리는 것은 낭비가 아니고, 오히려 더 좋은 곳으로 가는 것이고, 누군가 필요한 사람이 그 물건을 사용할 것이고, 자신에게는 더 이상 쓸모가 없다는 확신이 생기면 그 물건을 내버릴 수 있다. 그러나 바로 그 확신을 만들어내는 것이 매우 어려워서 버리지 못하는 것이다. 불확실성에 대한 고통감내력의 부족이 저장장애의 발생 및 지속에 기여하는 한 원인임을 감안할 때, 잡동사니를 처분하는 것은 불확실성을 감내하는 일종의 훈련이다. 외국 사례에 나오는 어떤 내담자는 "물건이 눈앞에 보인다면, 그것은 마치 등대와 같은 것이다. 등대는 내 눈을 붙들 것이고, 이내 내 생각도 붙들 것이다. 그러므로 나는 버리려고 한다. 이제는 눈앞에서 치워버리려고 한다."라고 말했다. 누구도 확실하게 알지 못하는 미래를 수용적인 태도로 맞아들이는 것은 참으로 어려운 일이다. 심리치료자는 내담자의 용감한 선택과 치열한 노력에 경의를 표하고 적절한 강화를 제공하여, 후속작업을 진행하도록 격려한다. 저장장애를 겪고 있는 내담자는 부재의 고통을 덧붙이지만 않는다면 존재의 고통은 감내할 만한 수준이라는 점을 체험적으로 인식하게 된다.

만약 이어지는 과정이 순조롭게 진행된다면, 치료자와 내담자를 비롯한 여러 사람이 합세해서 잡동사니를 버리는 처분행사team cleanout를 개최할 수도 있다. 요즘은 정리정돈 전문가도 있다. 단, 전략적으로 준비해서 치밀하게 개입해야 한다. 치료자와 내담자가 충분히 협의하고, 어디부터 어디까지, 무엇부터 무엇까지 처분할 것인지에 대해서 서면으로 합의서를 작성하는 것이 바람직하다. 예컨대, 내담자가 실시간으로 판단하지 않더라도, 자녀가 입던 작은 옷은 흰색 가방에 넣어서 교회에 기증하기로 합의하고, 신발장에 따로 구분해놓은 신발을 제외한 모든 신발은 재활용센터에 보내기로 동의한다. 처분행사에 합세한 일꾼들은 신문, 잡지, 종이를 유형별로 나누고 정리한 뒤, 내담자에게 어떻게 처리할 것인지 결정해달라고 요청한다.

치료자와 내담자는 사전에 합의한 규칙에 따라서 일꾼들이 잡동사니를 나르고 버리는 장면을 함께 관찰한다. 이때 내담자는 강력한 불안감, 상실감, 우울감, 분노감, 죄책감, 수치심 등을 경험하면서 강하게 저항하고 적잖이 퇴보할 수 있다. 모든 변화는 직선이 아니라 나선의 형태로 일어난다. 치료자는 이에 걸맞은 치료개입을 제공해야 하므로, 처분행사에 동참하는 것이 바람직하다. 내담자의 임무는 10~20초 이내에 신속한 의사결정을 하는 것이다. 치료자의 임무는 "나중에 사용할 건가요?" "버리지 않을 거라면, 어디로 옮기겠어요?" "똑같은 물건이 있지 않나요?"와 같이 계속해서 질문하는 것이다. 내담자는 지금까지 이렇게 생각하고 질문해왔다. "와! 얼마나 멋진가! 얼른 집에 가서 입어봐야지." "우리 애들이 입으면 얼마나 예쁠까?" "나중에 분명히 쓸 데가 있겠지?" 앞에서 강조했듯이, 치료자는 특정한 선택을 강요하지 않으면서 내담자의 선택을 성공한 의사결정으로 존중해야 한다. 다음 기회는 여전히 존재한다. 이러한 절차 없이 강제로 잡동사니를 처분하면 오히려 상황이 악화될 소지가 크고 치료적 동맹이 깨질 위험이 있다.

2) 사례개념화

저장장애는 복합적인 심리장애다. 저장장애를 발생시키는 원인이 사람마다 다르고, 저장장애를 지속시키는 요인도 사람마다 다르다.

(1) 이면기제

어떤 사람은 불안감을 회피하기 위해 물건을 수집하고, 어떤 사람은 죄책감을 회피하기 위해 물건을 저장한다. 어떤 사람은 정적 강화 때문에 수집행동을 지속하고, 어떤 사람은 부적 강화 때문에 저장행동을 반복한다. 아울러, 물건을 수집하는 이유와 물건을 보관하는 이유가 다르고, 엉망진창으로 잡동사니가 쌓이는 까닭도 내담자마다 다르다. 어떤 사람은 정서적 결핍을 보상하기 위해서 물건을 구매하고, 어떤 사람은 엄격한 기준을 내려놓지 못해서 물건을 보관하며, 어떤 사람은 정보처리능력의 결함 때문에 잡동사니를 처분하지 못한다.

이렇게 상이한 원인이 동일한 결과를 초래한다는 점을 감안하면, 사례개념화case formulation를 실시하지 않고 저장장애를 성공적으로 치료하는 것은 거의 불가능하다. 심리치료자는 강박적인 수집과 저장이라는 표면증상의 밑바닥에 깔려 있는 이면기제underlying mechanism를 밝혀야 한다.

예컨대, 과거에는 물질적 결핍이 저장장애의 원인이라는 인식이 팽배했지만 최근에는 그것이 전부가 아니라는 견해가 지배적이다. 이미 살펴봤듯이, 저장장애를 겪고 있는 사람 가운데 상당수는 오히려 풍족하게 살아온 사람들이다. 아울러, 결핍은 물질적인 것일 수도 있고 정서적인 것일 수도 있다. 정서적 결핍은 애착문제에서 비롯되었을 수도 있고 외상경험에서 비롯되었을 수도 있다. 애착문제를 갖고 있는 사람은 물건과의 정서적 유대감을 추구하고, 외상경험을 갖고 있는 사람은 난공불락의 철옹성을 건설한다. 물론 모두가 그렇게 하는 것은 아니다. 외상경험을 회피적인 전략으로 다루는 사람이 있는가 하면 완벽주의 전략으로 다루는 사람도 있다. 완벽주의 역시 불완전감을 회피하려는 시도로 나타날 수도 있고 구원환상을 추구하려는 시도로 나타날 수도 있다.

(2) 기능분석

저장장애는 인지, 정서, 행동 사이의 복잡한 상호작용으로 인해서 발생하고 지속된다. 자신이 신뢰하는 심리치료자가 가설적으로 제시하는 사례개념화를 통해서, 저장장애를 겪고 있는 내담자도 문제의 근본적인 원인을 이해하기 시작한다. 이런 맥락에서, 사례개념화는 심리치료에 대한 동기를 고취하고 치료적 동맹을 강화하는 기회로 활용할 수 있다.

예컨대, 외상을 경험한 여성이 외부세계와 단절하고 자신만의 공간에서 생활하고 있다고 가정해보자. 그녀는 인간에 대한 기본적 신뢰감을 상실해서 타인과 함께 있으면 위협감을 경험한다. 사람은 예측이 불가능하기 때문에, 취약한 그녀는 물건과 공간에 강박적으로 집착한다. 물건을 어루만지면 위로를 체험하지만, 안전한 공간에서 벗어나면 도처에 편재하는 위험을 감지한다. 문을 잠그고, 창문을 막고, 햇빛을 차단해서 요새를 건설한다. 세상과 교류하는 유일한 통로는 인터넷쇼핑이다. 짧은 대화도 필요 없고, 잠깐의 접촉도 피할 수 있다.

그녀의 저장장애를 기능분석functional analysis의 관점에서 조명하면, 물건을 구매하는 행동은 우울감을 감소시키고, 물건을 저장하는 행동은 안전감을 증가시키며, 잡동사니를 쌓아놓는 행동은 취약감을 경감시키는 기능을 제공한다. 그녀의 저장장애는 외상의 위협으로부터 자기를 보호하려는 변형된 통제전략인 것이다. 외부와 완벽하게 단절된 요새는 성범죄자의 침입을 막으려는 시도와 상징적 및 기능적으로 일치한다. 요새에 들어가 있을 때는 성폭행을 당한 기억이 차단되고 성폭행을 당할 확률이 급감하기 때문이다.

그렇다면 표면증상은 저장장애지만 이면기제는 외상장애다. 이런 경우, 근본적인 문제에 주목하고 개입하지 않으면 저장장애를 치료하는 것은 요원해진다. 그래서 노스캐롤라이나 주립대학교(2012)는 저장장애의 심각성이 3단계 이상에 해당할 때는 반드시 집중적인 훈련을 받은 정리정돈 전문가 및 정신건강 전문가의 개입이 필수적이라고 제시하고 있다.

가설적인 사례개념화를 제시하면, 내담자는 "제가 그러고 있는지 몰랐어요. 한 번도 그렇게 생각해본 적이 없어요."라고 반응한다. 사례개념화는 내담자의 통찰을 촉진한다. "치료자가 질문을 던지면서 내담자가 세상을 바라보는 방식을 이해하면, 내담자도 자신의 관점으로부터 한 발짝 뒤로 물러나서 자신에게 같은 질문을 던지게 된다(Rush, Beck, Kovacs, & Hollon, 1977)."

대부분의 경우, 저장장애 심리치료의 핵심표적은 저장증상 그 자체가 아니라 내담자가 자신의 소유와 자신의 가치에 대해서 붙들고 있는 강력한 믿음이다. 표면적인 문제를 해결하기 위해서는 내담자가 두려워서 회피하고 있는 근본적인 고통을 직시하는 것이 필요하다. 심리치료자는 "내담자는 무엇을 두려워하는가?" 그리고 "내담자는 두려울 때 어떻게 하는가?"라는 질문을 스스로에게 던져야 한다. 그렇게 해야 내담자의 저장장애를 구성하는 독특한 경험요소와 독특한 통제요소를 확인할 수 있다(Bradley, 2000; Waelder, 1960).

(3) 인지적 오류

저장장애를 겪고 있는 사람의 자동적 사고에는 인지적 오류cognitive error가 끼어든다. 그들은 선택적 주의를 통해서 부정적인 편향을 형성하는데, 그것이 인지적 오류를 범하게 만드는 주된 원인이다. 인지적 오류는 자동적 사고의 타당성과 유용성을 훼손하여 현실을 과장하거나 왜곡하도록 이끈다. 사례개념화를 실시하는 과정에서 내담자가 흔히 범하는 인지적 오류를 포착하면, 그가 지니고 있는 이면기제를 확인하는 데 도움이 된다.

저장장애를 겪고 있는 사람은 이분법적 사고dichotomous thinking에 자주 빠진다. 예컨대, "이것은 내가 지금까지 만져본 것 중에서 가장 아름다운 물건이야." "이것을 보관하지 않으면, 나는 아무것도 기억하지 못할 거야." "잡동사니를 완벽하게 정리할 수 없다면, 아예 시작도 하지 않는 것이 더 좋아."와 같이 물건과 자신을 극단적인 두 개의 범주로 구분하는 경향이 있다.

부분적인 사실에 근거해서 전체적인 결과를 단정하는 과잉일반화over-generalization도 흔히 나타난다. 예컨대, "저는 늘 필요한 물건을 찾아내지 못해서 곤란을 겪어요. 그러니까 반드시 눈에 보이는 곳에 놓아둬야 해요." "신문을 버리려고 할 때마다 항상 중요한 물건이 튀어나와요. 그래서 함부로 버릴 수가 없어요." "지금 이 물건을 구입하지 않으면 절대로 다시는 가질 수 없을 거야."와 같은 과장된 반응이 빈번하게 관찰된다.

좋지 않은 일이 벌어질 것이라고 예상하고 마치 그것이 기정사실인양 행동하는 비현실적 예언fortune telling도 자주 관찰된다. 예컨대, "이 물건을 버리자마자 분명히 절실하게 필요할 거야." "지금 이 물건을 사지 않으면 평생 후회할 거야." "누군가 이 물건을 버리면 나는 분명히 미쳐버릴 거야." "이번 기회를 놓치면 다시는 기회를 잡을 수 없을 거야."와 같은 식이다. 그렇게 생각한다고 해서 결과가 더 좋아질 가능성은 전혀 없다.

게다가 자신의 감정을 진리의 증거로 간주하는 정서적 추론emotional reasoning이 나타난다. 예컨대, "이 물건을 버리면 기분이 안 좋아질 거야. 그것은 이 물건을 계속 가지고 있으라는 뜻이야." "오늘은 기분이 절망적이야. 따라서 잡동사니를 하나도 치우지 못할 거야." "이렇게 불안한 것을 보니, 무언가 나쁜 일이 분명히 일어날 거야." "죄책감을 느끼는 것을 보니, 내가 무언가 잘못한 것임에 틀림이 없어."와 같이 감정과 결론을 무리하게 연결시킨다.

저장장애를 겪고 있는 사람은 낙인찍기labeling를 반복한다. 낙인찍기는 자신과 타인을 고통스럽게 만드는 가장 신속한 방법이다. 예컨대, "전기요금고지서를 찾을 수가 없어. 나는 멍

청이야." "또 가죽장갑을 사고 말았네. 나는 정말 구제불능이
야." "선생님이 지시한 과제를 못했어. 나는 형편없는 게으름
뱅이야." "당신은 나한테 쇼핑중독자라고 하지? 당신은 자기
밖에 모르는 이기주의자고 일중독자야!"와 같이 상황이나 행
동의 부분적인 특징을 토대로 자기와 타인을 매우 단정적인
용어로 묘사한다. 일반적으로 부정적인 낙인찍기의 폐해가 더
크지만 긍정적인 낙인찍기도 종종 문제가 된다. 예컨대, 자신
을 '창의적인 도전자' '책임감 있는 시민' '동물학대 반대자'
로 명명하고 강박적으로 집착하는 경우가 그렇다. 이러한 명
명은 자신의 수집행동과 저장행동을 정당화하는 논리로 활용
되기 때문에 병리적이다. 특히 자기정체감과 낙인찍기가 뚜렷
하게 구분되지 않는 경우가 많다는 점에 주목할 필요가 있다
(Steketee, Frost, & Kyrios, 2003).

(4) 거리두기

우리는 자동적 사고의 영향을 받은 감정과 행동을 해결하
는 데 인생의 많은 시간을 소모한다. 저장장애를 겪고 있는 사
람도 마찬가지다. 내담자는 자신의 생각이, 특히 인지적 오류
가 끼어 있는 생각이 감정과 행동에 어떤 영향을 미치고 있는
지 자각해야 한다. 아울러, 자신의 생각을 맹목적으로 믿는 데
서 벗어나 그것을 하나의 가설로 간주하고 평가하는 거리두기

distancing가 필요하다.

예컨대, 내담자가 존경하는 사람 혹은 좋아하는 사람을 떠올리게 하고, 그 사람은 특정한 물건에 어떤 의미를 부여할 것 같은지 질문할 수 있다. 심리치료자가 "당신이 존경하는 예수님이라면, 이 물건을 어떻게 처분할 것 같습니까?" "당신의 자녀가 잡동사니 때문에 고통을 겪고 있다면, 어머니로서 당신은 뭐라고 조언할 것 같습니까?"와 같은 질문을 반복하면, 내담자는 단순한 생활이 정답이라는 지혜를 발견하고 언급하게 된다. 이것을 '이중기준 기법double standard technique'이라고 부른다. 이렇게 자신에게 적용하는 기준과 타인에게 적용하는 기준이 서로 다르다는 점을 자각하도록 안내하는 기법은 치료적으로 상당히 유익하다.

여기서 중요한 점은, 자동적 사고를 탐색하는 과정 자체가 치료적인 의미를 지니고 있다는 것이다. 자신의 경험에 거리를 두기 시작하면, 내담자의 입장에서 나름대로 합리적이라고 생각하는 저장장애를 정당화하는 논리에 균열이 생긴다. 심리치료자는 대표적인 인지적 오류의 목록과 예시를 내담자에게 제시하고, 그가 처분할 물건과 보관할 물건을 분류하지 못하고 우유부단하게 망설이는 순간에 그리고 물건을 지나치게 구매하고 획득하는 시점에 어떤 인지적 오류를 범하는지 탐색하도록 이끌 수 있다.

인지행동치료의 목표는 내담자의 잘못된 생각과 왜곡된 믿음을 완전히 수정하는 것이 아니라, 내담자가 자신의 생각과 믿음을 진실이 아니라 가설로 여길 수 있도록 반복적으로 질문하고 체계적으로 안내하는 것이다. 내담자로 하여금 기존의 관점과 사뭇 다른 대안적 관점을 발견하고 채택하게 요청함으로써, 심리치료자는 내담자가 자신의 생각과 믿음에서 탈융합defusion하여 그것의 타당성과 유용성을 평가하도록 유도할 수 있다.

(5) 심리도식

자동적 사고와 인지적 오류는 저장장애의 현상을 설명하는 데는 유용하지만 저장장애의 원인을 규명하는 데는 미흡한 측면이 있다. 즉, "자동적 사고가 문제라는 것은 잘 알겠습니다. 그런데 왜 제가 그런 자동적 사고를 품는 거죠?"라는 질문에 대한 답변이 필요하다. 내담자가 어떤 물건의 가치와 의미를 독특하게 해석하는 이유는 고유한 핵심믿음core belief 혹은 심리도식schema 때문이다.

심리도식은 내담자의 삶에 뿌리 깊게 박혀있는 패턴이고, 자신과 타인과 세상을 바라보는 개념적 틀이며, 주관적인 현실을 조성하는 여과장치다. 심리도식은 어린 시절의 유해한 경험으로 인해서 형성되고, 생애 전반을 통해서 더욱 정교해진다. 심리도식의 내용은 대개 절대적이고 단정적이고 이상주의적이다. 내담자의 입장에서 심리도식은 자기의 핵심이기 때문에 거역하기 어렵고 지극히 당연한 것으로 간주된다. 그리고 매우 중요하게도, 심리도식은 대체로 유해했던 과거의 경험을 '정확하게' 반영하고 있는 경우가 많다. 즉, 완전히 날조된 것이 아니라는 것이다. 그러므로 심리도식에 대한 공감적 직면이 필요하다(Young et al., 2003).

지금까지 심리도식치료자들은 5가지 영역에서 18가지 심리도식을 발견했다. 저장장애를 겪고 있는 사람 중에서 생애 초기에 타인과 안정적인 애착을 형성하지 못한 사람은 불신, 유기, 결핍, 결함, 고립을 주제로 하는 심리도식을 지니고 있을 가능성이 크다. 일반적으로 가장 심각한 문제를 드러내는 경우로, 심리치료자와 안정적인 치료동맹을 형성하는 것이 몹시 어렵지만 매우 중요하다. 상당수의 저장장애 내담자는 생애 초기에 자율성, 유능감, 정체감을 발달시키지 못해서 의존, 취약, 융합, 실패를 주제로 하는 심리도식을 형성했을 수 있다. 이들은 자기존중감이 매우 낮아서 스스로 문제를 해결할 수 있는 능력이 없다고 지각한다. 따라서 부족한 기술을 훈련시키는 과정을 통해서 자기효능감을 향상시킬 필요가 있다. 그리고 많지는 않지만, 저장장애를 겪고 있는 사람 중에는 특권의식에 사로잡혀 있거나 혹은 자기조절능력을 발휘하지 못하

는 사람이 있다. 이들은 불편감을 회피하는 데 주력하고, 충동
적이고 일탈적으로 행동하는 경향이 있다. 다른 일부는 타인
중심성이라는 심리도식을 지니고 있을 수 있다. 그들은 지나
치게 복종적 혹은 희생적인 모습을 보이며, 다른 사람에게 인
정받으려고 애쓴다. 물건의 소유에 집착함으로써 타인에게 비
치는 자신의 겉모습을 관리하려고 노력하는 사람은 혹시 이런
문제를 지니고 있지 않은지 의문을 품고 탐색할 필요가 있다.
마지막으로, 저장장애를 겪고 있는 사람 중에는 엄격한 기준
및 정서적 억제라는 이름의 심리도식에 붙들려 있는 사람도
있다. 엄격한 기준 도식은 자신과 타인에 대한 과잉비판을 불
러일으키며, 정서적 억제 도식은 감정을 발산하면 통제력을
상실할까 봐 두려워하고 수치심에 사로잡힐까 봐 전전긍긍하
는 형태로 표현된다. 저장장애와 강박성향이 밀접한 관련이
있음을 감안할 때, 엄격한 기준과 정서적 억제 도식에 주목하
면 사례개념화에 도움을 받을 수 있을지 모른다.

　박태홍(2015)이 번안한 '저장 신념 질문지'도 저장장애의 발
생 및 지속에 기여하는 내담자의 독특한 신념을 파악하는 데
도움이 된다.

(6) 사례개념화 모형

　심리치료자는 〈사례개념화 모형〉과 같은 시각자료를 활용

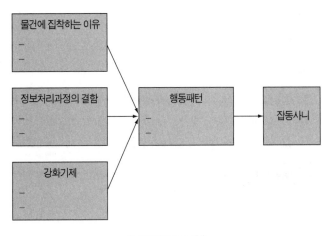

〈사례개념화 모형〉

해서 사례개념화를 시도한다. 먼저 잡동사니가 발생하는 근접원인인 행동패턴을 파악하고, 이어서 행동패턴의 이면에 숨어 있는 원격원인인 물건에 집착하는 독특한 이유, 특정한 정보처리과정의 결함, 수집행동과 저장행동이 강화되고 있는 기제를 찾아내어 기록한다(Tolin et al., 2014).

예컨대, 〈사례개념화 예시 1〉에 제시한 사례의 경우, 잡동사니가 발생하는 근접원인은 물건을 버리지 못하기 때문이다. 원격원인은 실수하는 것에 대한 두려움을 회피하려는 완벽주의적 태도, 의사결정에 대한 자신감의 부족과 불확실성에 대한 고통감내력의 부족, 주의집중력의 결함 등이다. 아울러, 물

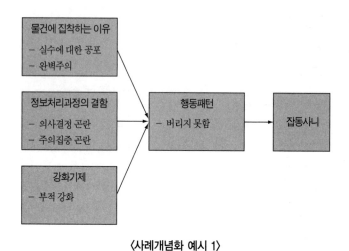

〈사례개념화 예시 1〉

건을 버리지 않았기 때문에 실수하지 않았다는 잘못된 믿음이 부적으로 강화되기 때문에 물건을 버리지 못하는 행동이 지속적으로 나타나는 것으로 이해된다.

다른 예로, 〈사례개념화 예시 2〉의 경우, 잡동사니가 발생하는 근접원인은 물건을 지나치게 수집하고 전혀 버리지 못하는 것이다. 원격원인은 상실하는 것에 대한 두려움을 회피하려는 시도 및 물건을 통해서 자기정체감을 확보하려는 시도, 버려진 물건에서 쓸모를 찾아내는 과도한 창의성, 물건의 범주를 너무 협소하게 정의하는 유목화의 결함 등이다. 아울러, 물건을 버리지 않았기 때문에 정서적 유대감을 상실하지 않았

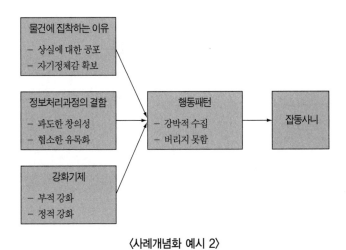

〈사례개념화 예시 2〉

다는 잘못된 믿음이 부적으로 강화되고, 물건을 강박적으로 수집하고 저장하면서 잠재적 기회를 확보하고 마술적 통제감을 획득했다는 잘못된 믿음이 정적으로 강화되기 때문에 물건을 수집하는 행동과 저장하는 행동이 지속적으로 나타나는 것으로 이해된다. ◆

4. 심리치료의 종결

저장장애의 심리치료는 잡동사니의 처분으로 마무리된다. 내담자는 그동안 적극적으로 회피했던 행동, 즉 물건을 분류하고 정리하고 내버리고 기증하고 판매하고 재활용하는 일련의 처분행동discarding에 전념함으로써 저장장애에서 점진적으로 벗어날 수 있다. 또한 내담자는 강박적 구매행동, 과도한 획득행동, 기회의 절도행동과 같은 지나친 수집행동acquiring을 중단해야 한다. 그렇게 해야만 새로운 물건이 유입되어 순식간에 다시 잡동사니가 쌓이는 상황을 예방할 수 있다.

1) 노출 및 반응방지

강박장애를 비롯한 불안장애의 심리치료에 효과적인 것으로 알려진 노출 및 반응방지 기법은 '노출'의 요소와 '반응방지'의 요소로 구성된다. 강박장애의 경우, 노출은 내담자가 두려워하는 공포자극 혹은 원하지 않는 강박사고에 의도적으로 직면시키는 것이다. 반응방지는 공포자극 혹은 강박사고가 유발하는 주관적 고통에서 벗어나기 위해서 내담자가 반복하고 있는 강박행동을 중단하게 하는 것이다. 저장장애의 심리치료에도 이와 유사한 치료절차가 도입된다.

(1) 노 출

불안의 행동경향성은 회피다. 노출이 효과적인 이유는 회피의 반대이기 때문이다. 불안경험을 회피하면 그것이 오히려 증가되고, 불안경험에 노출하면 그것이 서서히 감소한다. 반복적인 노출을 통해서 자동적 행동경향성을 극복하고 심리적 유연성을 회복할 수 있다(Linehan, 1993).

저장장애의 경우, 노출의 초점은 내담자가 필사적으로 회피하고 있는 부정적 정서를 충분히 체험하는 데 맞춰진다. 저장장애를 겪고 있는 사람이 물건을 버리지 못하는 까닭은 불안감, 상실감, 불완전감, 외상경험, 죄책감, 무가치감의 체험을 두려워하기 때문이다. 물건을 분류하고 처분하기 위해서는 몇 단계의 정서적 및 인지적 처리과정을 거쳐야 한다. 내담자는 그것이 불편하기 때문에 적극적으로 회피하며, 그 결과로 잡동사니를 쌓아놓고 살아간다. 따라서 심리치료자는 내담자가 정서적 및 인지적 고통을 기꺼이 수용할 수 있도록 공감적으로 직면시켜야 한다.

예컨대, 보관할 물건과 처분할 물건을 구분하는 의사결정 과정에서 필연적으로 주관적 고통이 유발된다. 저장장애를 겪고 있는 사람은 필요한 물건을 버리는 실수를 범할까 봐 두려워하고, 소중한 물건을 버리는 상실을 겪을까 봐 무서워한다. 물건을 처분하면 정서적 회상물을 잃어버릴까 봐 두려워서 그것을 회피하고, 물건과 연결된 사람과 정서적으로 단절될까 봐 무서워서 그것을 회피한다. 이에 비해, 잡동사니를 쌓아두고 방치하면 의사결정과 관련된 정서적 부담에서 벗어날 수 있고, 물건을 범주로 구분해야 하는 인지적 부담에서 벗어날 수 있다. 그러므로 심리치료자는 내담자가 가장 꺼리는 행동인 물건을 분류하고 처분하는 작업에 전념하도록 이끌어야 한다.

(2) 수용

노출은 수용이다. 수용acceptance은 고통스러운 경험에 온전히 접촉하는 것이다. 심리적 고통을 회피하지 않고 기꺼이 수용하는 과정에서 내담자는 부재의 고통을 덜어내고 존재의 고통만 체험하는 변화를 겪게 된다. 이때 존재의 고통은 내담자가 충분히 감내할 수 있는 성질의 것이다. 저장장애 심리치료의 궁극적인 목표는 고통의 감소가 아니라 심리적 유연성의 회복, 즉 자유의 체험이다.

내담자는 "나의 감정을 내가 선택할 수는 없다. 하지만 나의 행동은 내가 선택할 수 있다. 그러므로 나는 그렇게 할 것이다."라고 되뇌면서, 지혜로운 반응을 선택하고 전념하기 위해 노력해야 한다. 내담자는 "이 행동은 내가 소중히 여기는 가치에 가까이 다가가게 만드는가, 아니면 멀어지게 만드는가?"라는 질문을 스스로에게 던지면서 행동의 유용성을 평가해야 한다(Hayes et al., 1999).

스티케티와 프로스트(Steketee & Frost, 2007)는 이러한 절차를 습관화habituation라고 부른다. 부담스러워서 회피하고 있는 분류작업과 처분작업에 반복적으로 내담자를 노출시키면, 분류행동과 처분행동에 전념하는 과정에서 내담자가 경험하는 주관적 고통이 점진적으로 감소된다. 여기서 주의할 점은, 내담자의 고통을 충분히 헤아리지 않으면서 물건의 처분만을 강조하면 치료효과가 저하될 뿐만 아니라 심각한 저항이 유발된다는 것이다. 저장장애를 겪고 있는 사람은 자신의 물건에 유별난 애착을 보이므로, 자칫하면 심리치료자의 지시와 통제를 정서적인 폭력으로 받아들일 가능성이 크다. 따라서 심리치료자는 노출의 수위와 범위를 설정할 때 내담자와 꾸준히 협의하면서 신중하게 결정해야 한다.

(3) 행동실험

노출훈련을 반복하는 과정에서, 내담자는 분류행동과 처분 행동을 수행하더라도 일정한 시간이 지나면 부정적인 정서가 자연스럽게 감소된다는 사실 및 수집행동과 저장행동을 중단 하더라도 자신이 우려하는 파국적인 결과가 발생하지 않는다 는 사실을 체험적으로 깨닫게 된다. 그런데 잡동사니를 본격적 으로 분류하고 처분하기 위해서는 심리치료자가 내담자의 동 의 혹은 초대를 받아서 가정에 방문해야 하는 제한점이 있다.

행동실험behavioral experiment은 이러한 제한점을 극복하는 데 도움이 된다. 예컨대, 심리치료자가 내담자에게 카드를 보내 고, 그것을 읽어보고 바로 버리라고 요청한다. 그러나 내담자 는 카드를 쉽게 버리지 못할 것이다. 그 이유는 "이것을 버리 면 전혀 기억하지 못할 것이다."라고 생각하고, 카드를 버리는 행동과 연합된 불편감이 100점인데 그것은 절대로 줄어들지 않을 것이라고 예상하기 때문이다. 이런 경우, 심리치료자는 "카드를 버렸을 때 실제로 어떤 일이 벌어지는지 함께 확인해 봅시다."라고 행동실험을 제안할 수 있다. 어떤 사례에서는 카 드를 버리는 행동과 연합된 불편감이 40점까지 줄어들었고, 나중에는 "절대로 불편감이 줄어들지 않을 거예요."라고 자신 이 말했던 사실조차 기억하지 못했다.

행동실험의 다른 예로, 내담자가 오랫동안 버리지 못하고 모아둔 우편물 상자를 치료실에 가지고 오게 한다. 내담자는 심리치료자와 함께 보관할 우편물과 처분할 우편물을 분류한다. 아울러, 우편물의 분류와 처분을 방해하는 내담자의 자동적 사고와 인지적 오류를 탐색하고, 우편물을 분류하고 처분하는 과정에서 내담자가 경험하는 부정적 정서에 주의를 기울인다. 그리고 시간이 흐르면서 그것이 어떻게 변화하는지도 함께 관찰한다. 내담자는 위협적인 사건이 발생할 가능성과 초래할 치명성을 과대평가하기 때문에 잡동사니를 처분하지 못한다. 심리치료자는 "정말로 그런 일이 벌어지는지 확인해봅시다. 실제로 어떤 일이 벌어지는지 실험해봅시다."라고 행동실험을 제안함으로써 내담자가 불확실한 결과를 과도하게 부풀려서 두려워하고 있다는 사실을 체험적으로 반증할 수 있는 기회를 제공한다. 행동실험은 불확실성을 감내하는 훈련이다.

(4) 반응방지

저장장애의 경우, 반응방지의 초점은 내담자가 반복하고 있는 지나친 수집행동을 단계적으로 중단하는 데 맞춰진다. 내담자는 강박적 구매행동, 과도한 획득행동, 기회의 절도행동을 의도적으로 중단해야 한다. 이것을 돕기 위해 일상생활에서 내담자기 흔히 접하는 다양한 장면은 위계적으로 구성할 필요가 있다. 즉, 물건을 구매하고 획득하고 싶은 충동에 저항하는 것이 가장 쉬운 상황은 무엇이고 가장 어려운 상황은 무엇인지 파악하는 작업을 먼저 진행해야 한다.

이어서 가장 저항하기 쉬운 상황에 제일 먼저 노출하고 반응을 의도적으로 중단한다. 예컨대, 버스정류장 주변을 걸으면서 무가신문을 수집하지 않고, 잡지가판대 근처를 자동차를 타고 지나치면서 월간잡지를 구입하지 않게 한다. 더 나아가면, 물건을 손으로 만지지 않고 눈으로 보기만 한다는 약속을 지키면서 특정한 장소에 방문하게 한다. 이런 식으로 내담자와 물건 사이의 물리적 거리를 점진적으로 좁혀가는 것이다. 마지막에는 내담자가 유혹과 충동에 저항하기 가장 어려운 상황에 노출하면서 물건을 구매하고 획득하고 싶은 욕구를 스스로 참아내도록 돕는다. 이 과정에서, 물건을 수집하지 못해 겪는 주관적 고통을 0점부터 100점까지 사이에서 평정하게 유도한다. 심리치료자는 주관적 고통의 수준을 몇 분 간격으로 점검하고, 내담자가 지나치게 고통스러워하는 것은 아닌지 지속적으로 확인하는 것이 바람직하다.

반응방지 훈련의 한 방법으로 '쇼핑 없는 여행' 혹은 '줍지 않는 외출'을 제안할 수 있다. 이러한 훈련이 단순해 보일지 모르지만, 내담자의 입장에서는 상당히 도전적인 과제라는 점을 유념해야 한다. 물건을 수집하고 싶은 유혹과 충동에 저항

하는 것이 익숙하지 않고, 그동안 자신을 보호해주었던 심리
적 갑옷을 벗어야 하기 때문이다. 그러므로 내담자에게 '치료
적 무기'를 지급해야 한다. "일정한 시간이 지나면 충동이 서
서히 감소한다."는 사실을 체험적으로 인식하고 기억하는 것
이 치료적 무기의 핵심이다. 내담자가 쇼핑 없는 여행 혹은 줍
지 않는 외출을 더 많이 시도할수록 물건을 구매하고 싶은 유
혹과 획득하고 싶은 충동은 더 빠르게 감소된다.

반응방지 훈련을 마친 뒤에는 인지적 현장검증autopsy을 실
시한다. 훈련을 실시하기 전에 예상한 불편감 점수와 훈련을
실시하는 중에 경험한 불편감 점수를 비교하고, 그 차이에 주
목하게 한다. 대개의 경우, 저장장애를 겪고 있는 사람은 주관
적 불편감을 부풀려서 예상한다. 또한 반응방지 훈련 중에 떠
오른 자동적 사고를 포착하고, 어떤 인지적 오류를 범했는지
확인하며, 그것의 타당성과 유용성을 따져보는 질문을 제시하
는 것이 바람직하다.

2) 재발방지

저장장애 심리치료의 효과를 장기적으로 유지하는 것은 상
당히 어렵다(Christensen & Greist, 2001; Muroff, Steketee, Frost, &
Tolin, 2014). 어떤 책에서 소개한 다음의 사례를 보면 치료효과

를 유지하는 것이 얼마나 어려운지 잘 알 수 있다. 그 내담자
는 현재 시점에서 저장장애로 진단할 수 없었다. 그러나 그는
요구르트 병처럼 무가치한 물건을 수집하고 보관하고 싶은 충
동을 여전히 느끼고 있었으며, 매순간 유혹에 힘겹게 저항하
고 있었다. 다른 사례에서는 치료 종결 후 몇 개월 뒤에 내담
자의 가정에 방문했더니 잡동사니가 다시 산더미처럼 쌓여있
었다는 보고가 있다(Steketee & Frost, 2007).

　저장장애 심리치료의 난제는 재발이다. 그러므로 심리치료
자는 언제든지 저장증상이 재발할 수 있다는 사실을 내담자에
게 미리 안내해야 한다. 특히 심리적 고통과 부정적 정서를 경
험할 때 저장증상이 재발할 가능성이 높다는 점을 설명하면
서, 심리치료를 마친 뒤에도 꾸준히 구매-획득 기록지를 작성
하고 자기감찰을 지속하도록 권유하는 것이 바람직하다. 수집
행동과 저장행동을 촉발하는 취약한 상황을 내담자가 파악하
고 있으면 재발의 위험성이 감소할 수 있고 부정적 정서를 조
절하는 전략을 동원할 수 있기 때문이다. 아울러, '하나를 들
여놓을 때마다 하나를 내어놓기one-in-one-out' 전략을 꾸준히 실
천하면 물건의 총량을 유지하는 데 도움이 된다.

　일반적으로 재발방지를 위해서 심리치료자가 유의할 사항
에는 다음과 같은 것들이 있다. 먼저, 심리치료를 통해 얻은
모든 진전은 내담자의 공으로 돌리고 강화해야 한다. 무엇 때

문에 저장증상이 개선되었다고 생각하는지 내담자에게 질문하고, 그가 생각과 행동을 바꾸었기 때문에 바람직한 변화를 얻어낼 수 있었다고 귀인하는 것이 필요하다. 아울러, 치료시간에 훈련한 기술과 기법을 앞으로도 유용하게 활용할 수 있을 것이라는 기대를 품게 한다. 그리고 모든 치료적 변화는 나선 형태로 나타난다는 점을 다시 언급하는 것이 도움이 된다. 만약 저장증상이 악화된다면 어떤 일이 벌어질 것 같은지 예상하게 하고, 그런 예상의 현실성과 타당성을 검토하게 하며, 그런 상황에서 어떻게 대처할 것인지 준비하고 연습하게 한다. 이에 더해, 치료를 마친 이후에도 추수회기를 진행할 수 있다는 것을 내담자에게 알려주고, 몇 개월 간격으로 내담자를 만나서 치료의 진전과 퇴보를 평가하는 것이 바람직하다 (Beck, 2011). ✦

5. 스스로 극복하기

마지막으로, 저장장애를 스스로 극복하는 데 도움이 되는 몇 가지 지침을 소개하겠다. 여기서 언급하는 대부분의 내용은 저장장애를 다루는 유명한 웹사이트(www.helpforhoarders. co.uk)에서 발췌한 것이다.

첫째, 저장장애를 겪고 있다는 사실을 인정하는 것이 중요하다. 저장장애의 전형적인 징후는 물건과 공간을 본래의 용도에 걸맞게 사용하지 못하는 것이다. 앞에서 소개한 '잡동사니 이미지 평정척도'를 활용해서 주거공간이 얼마나 어지럽혀져 있는지 솔직하게 따져볼 필요가 있다. 아울러, 저장장애를 겪고 있다는 사실을 주변 사람에게 알리고 도움을 청하는 것이 현명하다. 수치심 때문에 감추고 싶을 것이고, 물건을 강제로 버릴까 봐 두려울 것이다. 하지만 문제를 해결하는 데 실질적·정서적·전문적 도움을 줄 수 있는 사람이 분명히 존재한다.

둘째, 정리정돈이 필요한 공간의 우선순위를 정한다. 그리고 잡동사니를 보관해둔 상자, 장식장, 자동차 등을 순서대로 청소할 계획을 세운다. 처음부터 무리하지 말고, 성공적으로 청소할 가능성이 높은 공간을 먼저 물색하고 전념하는 것이 지혜롭다. 그러면 조금씩 개선되고 있다는 느낌이 들 것이다. 한 번에 한 공간씩 집중해서 적어도 하루에 15분 이상 지속적으로 작업하고, 청소하는 시간과 빈도를 서서히 늘려가는 것이 좋다. 시작이 반이다.

셋째, 보관할 물건과 처분할 물건을 10~20초 이내에 분류하는 훈련을 반복한다. 물건을 만지면서 이것저것 생각하면 그것에 대한 애착이 더 커져서 버리지 못하게 된다. 잡동사니를 집 안에서 다른 공간으로 이동시키는 것은 임시방편이다. 가급적이면 아예 집 밖으로 내보내는 방법을 선택하는 것이 더 효율적이다.

넷째, 다른 사람을 위해서 물건을 보관할 필요는 없다. 그것은 물건을 버리는 것이 두려워서 회피하는 것에 불과하고, 물건을 버리지 못하는 까닭을 변명하는 것에 지나지 않는다. 그리고 다른 사람에게 그 물건을 주더라도 별로 고마워하지 않을 것이다.

다섯째, 정기적인 시간계획을 수립하고 전념한다. 매일 혹은 매주 간격으로 물건을 버려야 한다. 혹은 손님을 초대할 계획을 세우고 그 전에 물건을 처분하는 것도 좋은 방법이다. 아울러, 주기적으로 잡동사니의 사진을 찍어서 적극적으로 비교한다. 과거와 비교할 때 상당히 개선되었다는 점을 인식할 수 있기 때문이다. 그리고 자신에게 보상을 주는 방법도 권장할 만하다. 단, 물건을 구매하고 획득하는 보상은 삼가야 한다.

여섯째, 비록 주변 사람의 도움을 받았더라도 스스로 노력해서 얻은 변화라는 사실에 더 주목하는 것이 현명하다. 물건의 주인은 바로 자신이기 때문이다. 최종적인 의사결정은 자신의 몫이다. 그러나 잡동사니의 처분을 도와주고 있는 주변 사람에게 적절한 지침을 제공하면 훨씬 수월해진다. 예컨대, 일주일이 지난 신문은 알아서 재활용 처리하되, 모든 편지와 사진은 절대로 버리지 말라는 지침을 제시한다. 마찬가지로, 자신에게도 적절한 지침을 제시한다. 예컨대, "나는 500권 이상의 책은 보관하지 않겠다." 혹은 "집 안에 있는 물건 중에서 50%는 반드시 버리겠다."고 다짐할 수 있다.

일곱째, 물건을 처분할 때 경험하는 부정적인 감정은 시간이 지나면서 자연스럽게 사라진다는 체험적 진실을 기억한다. 아무리 선호하는 감정이라도 영원히 지속되지 않고, 아무리 혐오하는 감정이라도 영원히 지속되지 않는다.

여덟째, 물건의 운명이 자기 손에 달렸다고 생각하지 말아

야 한다. 물건에 제자리를 찾아주는 것을 사명으로 여겨서는
안 된다. 물건을 자유롭게 놓아주고, 자신에게도 자유를 선사
하는 것이 바람직하다.

아홉째, 혹시라도 보관하게 될 가능성이 높은 물건이 눈에
띈다면 즉시 버리는 것이 지혜롭다. 일단 들여놓으면 내어놓
기 어려우므로 마음이 바뀌지 않도록 바로 버려야 한다. 또한
물건을 구매하고 싶은 유혹을 불러일으키는 장소에는 당분간
의도적으로 방문하지 않는 것이 좋다. 특정한 가게 혹은 특정
한 브랜드의 유혹을 사전에 차단하기 위함이다. 이미 잡동사
니로 꽉 차있다는 점을 기억해야 한다.

끝으로, 대흥사 일지암 주지 법인스님이 2016년 4월 1일자
경향신문에 기고한 '이 봄, 꽃들에게 미안하지 않으려면'이라
는 칼럼의 일부를 소개하면서 마무리하겠다.

땅끝마을의 봄은 형형색색 꽃들이 피면서 시작한다. 지
난 겨울 펄펄 내리는 백설 위에 선연한 자태를 드러낸 붉은
동백에 이어, 3월 내내 매화가 코를 찌르는 향기를 내뿜었
다. 지금은 온갖 새들의 노래와 함께 진달래가 온 산을 물들
이고 있다. 이토록 눈과 귀가 즐겁다니! 지금 나는 값을 매길
수 없는 청복淸福을 누리고 있다. 행복은 소유하는 것이 아
니라 그 자체로 존재하는 것임을 실감한다.

저장장애의 자가치료self-therapy는 '정도를 지나침은 미치지 못함과 같다'는 과유불급過猶不及의 정신을 실천하는 과정이다. 그러나 우리에게 가장 어려운 것이 지나치지도 않고 모자라지도 않은 '적절한 상태'를 찾아내는 것임을 잘 알기에, 누구도 감히 자유롭다고 장담하지 못하는 것이 바로 저장장애다. ◆

참고문헌

권석만(2013). 현대 이상심리학. 서울: 학지사.

박균호(2015). 수집의 즐거움. 서울: 두리반.

박태홍(2015). 저장장애의 두 가지 유형. 서울대학교 대학원 석사학위 논문.

유성진(2010). 불안증상의 발현에서 위험회피 기질과 체험회피 시도의 역할: 불안감내력장애의 개념화. 서울대학교 대학원 박사학위논문.

유성진, 권석만(2009). 심리평가 및 심리치료에 있어서 기질-성격 모형의 임상적 시사점. 한국심리학회지: 임상, 28(2), 563-586.

Abel, J. L. (1993). Exposure with response prevention and serotonergic antidepressants in the treatment of obsessive compulsive disorder: A review and implications for interdisciplinary treatment. *Behaviour Research and Therapy, 31*(5), 463-478.

Abramowitz, J. S., Wheaton, M. G., & Storch, E. A. (2008). The status of hoarding as a symptom of obsessive compulsive disorder. *Behaviour Research and Therapy, 46*(9), 1026-1033.

American Psychiatric Association. (1994). *Diagnostic and statistical manual of mental disorders* (4th ed.). Washington, DC: Author.

American Psychiatric Association. (2013). *Diagnostic and statistical manual of mental disorders* (5th ed.). Washington, DC: Author.

Aricti, S. (1974). *Interpretation of schizophrenia.* New York: Basic

Books.

Arluke, A., Frost, R., Steketee, G., Patronek, G., Luke, C., & Messner, E. (2002). Press reports of animal hoarding. *Society and Animals, 10,* 113–135.

Ayers, C. R., Saxena, S., Espejo, E., Twamley, E. W., Granholm, E., & Wetherell, J. L. (2014). Novel treatment for geriatric hoarding disorder: An open trial of cognitive rehabilitation paired with behavior therapy. *The American Journal of Geriatric Psychiatry, 22*(3), 248–252.

Baer, R. A. (2003). Mindfulness training as a clinical intervention: A conceptual and empirical review. *Clinical Psychology: Science and Practice, 10*(2), 125–142.

Beck, J. S. (2011). *Cognitive behavior therapy: Basics and beyond.* New York: The Guilford Press.

Bowlby, J. (1969). *Attachment.* New York: Basic Books.

Bradley, S. J. (2000). *Affect regulation and the development of psychopathology.* New York: The Guilford Press.

Ciarrochi, J. V., & Bailey, A. (2008). *A CBT practitioner's guide to ACT: How to bridge the gap between cognitive behavioral therapy and acceptance and commitment therapy.* Oakland, CA: New Harbinger Publications.

Christensen, D. D., & Greist, J. H. (2001). The challenge of obsessive compulsive disorder hoarding. *Primary Psychiatry, 8*(2), 79–79.

Clark, D. A., & Beck, A. T. (2010). *Cognitive therapy of anxiety disorders: Science and practice.* New York: The Guilford Press.

Clark, D. M. (1999). Anxiety disorders: Why they persist and how to treat them. *Behaviour Research and Therapy, 37,* S5–S27.

Cloninger, C. R. (2004). *Feeling good: The science of well-being.* New

York: Oxford University Press.

Cromer, K. R., Schmidt, N. B., & Murphy, D. L. (2007). Do traumatic events influence the clinical expression of compulsive hoarding? *Behaviour Research and Therapy, 45*, 2581–2592.

Deacon, B., & Maack, D. J. (2008). The effects of safety behaviors on the fear of contamination: An experimental investigation. *Behaviour Research and Therapy, 46*, 537–547.

Ecker, W., & Gonner, S. (2008). Incompleteness and harm avoidance in OCD symptom dimensions. *Behaviour Research and Therapy, 46*(8), 895–904.

Eifert, G. H., & Forsyth, J. P. (2005). *Acceptance and commitment therapy for anxiety disorders.* Oakland, CA: New Harbinger Publications.

Follette, V. M., & Pistorello, J. (2007). *Finding life beyond trauma: Using acceptance and commitment therapy to heal from post-traumatic stress and trauma-related problems.* Oakland, CA: New Harbinger Publications.

Frankenburg, F. R. (1984). Hoarding in anorexia nervosa. *British Journal of Medical Psychology, 57*(1), 57–60.

Frijda, N. H. (1986). *The emotions.* Cambridge, MA: Cambridge University Press.

Fromm, E. (1976). *To have or to be?* New York: Continuum.

Frost, R. O., & Gross, R. C. (1993). The hoarding of possessions. *Behaviour Research and Therapy, 31*(4), 367–381.

Frost, R. O., & Hartl, T. L. (1996). A cognitive-behavioral model of compulsive hoarding. *Behaviour Research and Therapy, 34*(4), 341–350.

Frost, R. O., Hartl, T. L., Christian, R., & Williams, N. (1995). The value of possessions in compulsive hoarding: Patterns of use and attachment. *Behaviour Research and Therapy, 33*(8), 897–902.

Frost, R. O., Kyrios, M., McCarthy, K. D., & Matthews, Y. (2007). Self-ambivalence and attachment to possessions. *Journal of Cognitive Psychotherapy, 21*, 232–242.

Frost, R. O., & Steketee, G. (1998). Hoarding: Clinical aspects and treatment strategies. In M. A. Jenike, L. Baer, & W. E. Minichiello (Eds.), *Obsessive compulsive disorder: Practical management.* St. Louis, MO: Mosby.

Frost, R. O., & Steketee, G. (2010). *Stuff: Compulsive hoarding and the meaning of things.* New York: Mariner Books.

Frost, R. O., Steketee, G., & Tolin, D. F. (2011). Comorbidity in hoarding disorder. *Depression and Anxiety, 28*(10), 876–884.

Frost, R. O., Steketee, G., & Tolin, D. F. (2012). Diagnosis and assessment of hoarding disorder. *Annual Review of Clinical Psychology, 8*, 219–242.

Frost, R. O., Steketee, G., Tolin, D. F., & Renaud, S. (2008). Development and validation of the clutter image rating. *Journal of Psychopathology and Behavioral Assessment, 30*(3), 193–203.

Frost, R. O., Steketee, G., & Williams, L. (2000). Hoarding: A community health problem. *Health and Social Care in the Community, 8*(4), 229–234.

Frost, R. O., Tolin, D. F., Steketee, G., Fitch, K. E., & Selbo-Bruns, A. (2009). Excessive acquisition in hoarding. *Journal of Anxiety Disorders, 23*(5), 632–639.

Furby, L. (1978). Possessions: Toward a theory of their meaning and function throughout the life cycle. In P. B. Bates (Ed.), *Life span development and behavior* (Vol. 1, pp. 297–331). New York:

Academic Press.

Germer, C. K. (2005). Anxiety disorders: Befriending fear. In C. K. Germer, R. D. Siegel, & P. R. Fulton (Eds.), *Mindfulness and psychotherapy* (pp. 152-172): New York: The Guilford Press.

Goldsmith, T., Shapira, N. A., Philips, K. A., & McElroy, S. L. (1998). Conceptual foundations of obsessive-compulsive spectrum disorders. In R. P. Swinson, M. M. Antony, S. Rachman, & M. A. Richter (Ed.), *Obsessive-compulsive disorder: Theory, research, and treatment* (pp. 397-425). New York: The Guilford Press.

Gordon, O. M., Salkovskis, P. M., & Oldfield, V. B. (2013). Beliefs and experiences in hoarding. *Journal of Anxiety Disorders, 27*(3), 328-339.

Greenberg, J., Pyszczynski, T., & Solomon, S. (1986). The causes and consequences of a need for self-esteem: A terror management theory. In R. F. Baumeister (Ed.), *Public self and private self* (pp. 189-212). New York: Springer-Verlag.

Grisham, J. R., & Barlow, D. H. (2005). Compulsive hoarding: Current research and theory. *Journal of Psychopathology and Behavioral Assessment, 20*(5), 675-686.

Grisham, J. R., Frost, R. O., Steketee, G., & Hood, S. (2006). Age of onset in compulsive hoarding. *Journal of Anxiety Disorders, 20*, 675-786.

Hartl, T. L., & Frost, R. O. (1999). Cognitive-behavioral treatment of compulsive hoarding: A multiple baseline experimental case study. *Behaviour Research and Therapy, 37*(5), 451-461.

Hartl, T. L., Duffany, S. R., Allen, G. J., Steketee, G., & Frost, R. O. (2005). Relationships among compulsive hoarding, trauma, and attention-deficit/hyperactivity disorder. *Behaviour*

Research and Therapy, 43(2), 269–276.

Hayes, S. C. (2005). *Get out of your mind and into your life: The new acceptance and commitment therapy.* Oakland, CA: New Harbinger Publications.

Hayes, S. C., Strosahl, K. D., & Wilson, K. G. (1999). *Acceptance and commitment therapy: An experiential approach to behavior change.* New York: The Guilford Press.

Hollander, E. (1993). *Obsessive-compulsive related disorders.* Washington, DC: American Psychiatric Press.

Horney, K. (1992). *Our inner conflicts.* New York: Norton & Company.

Koran, L. M. (1999). *Obsessive-compulsive and related disorders in adults: A comprehensive clinical guide.* New York: Cambridge University Press.

Linehan, M. M. (1993). *Cognitive behavioral treatment of borderline personality disorder.* New York: The Guilford Press.

Mahler, M. (1972). On the first three subphases of the separation-individuation process. *International Journal of Psychoanalysis, 53,* 333–338.

Marlatt, A. (2002). Buddhist philosophy and the treatment of addictive behavior. *Cognitive and Behavioral Practice, 9,* 44–50.

Muroff, J., Steketee, G., Frost, R. O., & Tolin, D. F. (2014). Cognitive behavior therapy for hoarding disorder: Follow up findings and predictors of outcome. *Depression and Anxiety, 31*(12), 964–971.

Nardone, G., & Watzlawick, P. (1993). Clinical practice, processes, and procedures. In G. Nardone & P. Watzlawick (Eds.), *The art of change* (pp. 45–72). San Francisco, CA: Jossey-Bass.

Neziroglu, F., Bubrick, J., & Yaryura-Tobias, J. (2004). *Overcoming compulsive hoarding.* New York: New Harbinger Publications.

North Carolina State University. (2012). *Where's my bed? An educational program for families living with hoarding.* Raleigh, NC: Author.

Pertusa, A., Frost, R. O., Fullana, M. A., Samuels, J., Steketee, G., Tolin, D. F., Saxena, S., Leckman, J. F., & Mataix-Cols, D. (2010). Refining the diagnostic boundaries of compulsive hoarding: A critical review. *Clinical Psychology Review, 30*(4), 371-386.

Pertusa, A., Fullana, M. A., Singh, S., Alonso, P., Menchon, S. M., & Mataix-Cols, D. (2008). Compulsive hoarding: OCD symptom, distinct clinical syndrome, or both? *American Journal of Psychiatry, 165,* 1289-1298.

Rachman, S. (1998). A cognitive theory of obsession: Elaborations. *Behaviour Research and Therapy, 36,* 385-401.

Rush, A. J., Beck, A. T., Kovacs, M., & Hollon, S. D. (1977). Comparative efficacy of cognitive therapy and phamachotherapy in the treatment of depressed outpatients. *Cognitive Therapy and Research, 1*(1), 17-37.

Salkovskis, P. M. (1985). Obsessional-compulsive problem: A cognitive-behavioral analysis. *Behaviour Research and Therapy, 23,* 571-583.

Salkovskis, P. M., Shafran, R., Rachman, S., & Freeston, M. H. (1999). Multiple pathways to inflated responsibility beliefs in obsessional problems: Possible origins and implications for therapy and research. *Behaviour Research and Therapy, 37,* 1055-1072.

Samuels, J. F., Bienvenu, O. J., Grados, M. A., Cullen, B., Riddle, M. A., Liang, K. Y., & Nestadt, G. (2008). Prevalence and correlates of hoarding behavior in a community based sample. *Behaviour Research and Therapy, 46*(7), 836-844.

Steketee, G., & Frost, R. O. (2003). Compulsive hoarding: Current status of the research. *Clinical Psychology Review, 23*, 905–927.

Steketee, G., & Frost, R. O. (2007). *Compulsive hoarding and acquiring: Therapist guide.* New York: Oxford University Press.

Steketee, G., & Frost, R. O. (2014). Treatment for hoarding disorder: Therapist guide. New York: Oxford University Press.

Steketee, G., Frost, R. O., & Kim, H. J. (2001). Hoarding by elderly people. *Health and Social Work, 26*(3), 176–184.

Steketee, G., Frost, R. O., & Kyrios, M. (2003). Cognitive aspects of compulsive hoarding. *Cognitive Therapy and Research, 27*(4), 463–479.

Summerfeldt, L. J. (2004). Understanding and treating incompleteness in obsessive compulsive disorder. *Journal of Clinical Psychology, 60*, 1155–1168.

Tolin, D. F., Frost, R. O., & Steketee, G. (2007). An open trial of cognitive–behavioral therapy for compulsive hoarding. *Behaviour Research and Therapy, 45*, 1461–1470.

Tolin, D. F., Frost, R. O., & Steketee, G. (2014). *Buried in treasures: Help for compulsive acquiring, saving, and hoarding.* New York: Oxford University Press.

Tolin, D. F., Frost, R. O., Steketee, G., & Fitch, K. E. (2008). Family burden of compulsive hoarding: Results of an internet survey. *Behaviour Research and Therapy, 46*(3), 334–344.

Tolin, D. F., Frost, R. O., Steketee, G., Gray, K. D., & Fitch, K. E. (2008). The economic and social burden of compulsive hoarding. *Psychiatry Research, 160*(2), 200–211.

Tolin, D. F., Kiehl, K. A., Worhunsky, P., Book, G. A., & Maltby, N. (2009). An exploratory study of the neural mechanisms of decision-making in compulsive hoarding. *Psychological Medicine, 39*, 313–

323.

Tolin, D. F., Meunier, S. A., Frost, R. O., & Steketee, G. (2010). Course of compulsive hoarding and its relationship to life events. *Depression and Anxiety, 27*(9), 829–838.

Tolin, D. F., Stevens, M. C., Villavicencio, A. L., Norberg, M. M., Calhoun, V. D., Frost, R. O., & Pearlson, G. D. (2012). Neural mechanisms of decision making in hoarding disorder. *Archives of General Psychiatry, 69*(8), 832–841.

van Boven, L. (2005). Experientialism, materialism, and the pursuit of happiness. *Review of General Psychology, 9*, 132–142.

Waelder, R. (1960). *Basic theory of psychoanalysis.* New York: International Universities Press.

Winnicott, D. W. (1953). Transitional objects and transitional phenomena: A study of the first not-me possession. *International Journal of Psychoanalysis, 34*, 89–97.

Woody, S. R., Kellman-McFarlane, K., & Welsted, A. (2014). Review of cognitive performance in hoarding disorder. *Clinical Psychology Review, 34*(4), 324–336.

Young, J. E., Klosko, J. S., & Weishaar, M. E. (2003). *Schema therapy: A practitioner's guide.* New York: The Guilford Press.

Zvolensky, M. J., Bernstein, A., & Vujanovic, A. A. (2011). *Distress tolerance: Theory, research, and clinical applications.* New York: The Guilford Press.

경향신문(2016. 4. 1). 이 봄, 꽃들에게 미안하지 않으려면.
부산일보(2004. 7. 2). 어플루엔자(소비중독).

www.helpforhoarders.co.uk

찾아보기

《인 명》

《내 용》

◎ 저자 소개

유성진(Yoo, Seong Jin)
서울대학교 심리학과를 졸업하고 동 대학원에서 임상·상담심리학을 전공
하여 박사학위를 받은 후 서울대학교병원 신경정신과에서 임상심리레지던
트 과정을 수련했다. 임상심리전문가, 정신건강보건임상심리사 1급, 인지행
동치료전문가 자격을 취득했다. 현재 한양사이버대학교 상담심리학과 교
수, 심리플러스상담센터 심리치료자로 활동하고 있다. 한국임상심리학회
총무이사, 수련이사, 자격관리이사를 역임했다. 주요 역서로『분노의 갑옷
을 벗어라』『합리적 정서행동치료』『외상의 치유 인생의 향유』(공역),『심리
도식치료』(공역),『성격장애의 인지치료』(공역),『MMPI-2: 성격 및 정신병
리 평가』(공역) 등이 있다.

ABNORMAL PSYCHOLOGY 31

저장장애 물건에 대한 강박적 집착

Hoarding Disorder

2017년 1월 10일 1판 1쇄 발행
2023년 8월 10일 1판 3쇄 발행

지은이 • 유 성 진
펴낸이 • 김 진 환

펴낸곳 • (주) **학지사**

　　　　04031 서울특별시 마포구 양화로 15길 20 마인드월드빌딩 5층

대표전화 • 02) 330-5114　　팩스 • 02) 324-2345

등록번호 • 제313-2006-000265호

홈페이지 • http://www.hakjisa.co.kr
인스타그램 • https://www.instagram.com/hakjisabook/

ISBN 978-89-997-1031-5 94180
　　　978-89-997-1000-1 (set)

정가 9,500원

출판미디어기업 **학지사**

간호보건의학출판 **학지사메디컬** www.hakjisamd.co.kr
심리검사연구소 **인싸이트** www.inpsyt.co.kr
학술논문서비스 **뉴논문** www.newnonmun.com
원격교육연수원 **카운피아** www.counpia.com